AF318933

...QUE INTERNATIONALE DE L'ENSEIGNEMENT SUPÉRIEUR
PUBLIÉE SOUS LA DIRECTION DE M. FRANÇOIS PICAVET

VOLUME X

ÉTUDES

SUR

L'ÉDUCATION ET LA COLONISATION

PAR

MAURICE COURANT

SECRÉTAIRE INTERPRÈTE AU MINISTÈRE DES AFFAIRES ÉTRANGÈRES
PROFESSEUR PRÈS LA CHAMBRE DE COMMERCE DE LYON
MAITRE DE CONFÉRENCES A L'UNIVERSITÉ DE LYON

PARIS

LIBRAIRIE GÉNÉRALE DE DROIT & DE JURISPRUDENCE

Ancienne Librairie Chevalier-Marescq et Cie et ancienne Librairie F. Pichon réunies
F. PICHON et DURAND-AUZIAS, ADMINISTRATEURS
Librairie du Conseil d'Etat et de la Société de Législation comparée
20, RUE SOUFFLOT (5e ARRt)

1904

ÉTUDES

SUR

L'ÉDUCATION ET LA COLONISATION

BIBLIOTHÈQUE INTERNATIONALE DE L'ENSEIGNEMENT SUPÉRIEUR

PUBLIÉE SOUS LA DIRECTION DE M. FRANÇOIS PICAVET

VOLUME X

ÉTUDES

SUR

L'ÉDUCATION ET LA COLONISATION

PAR

MAURICE COURANT

SECRÉTAIRE INTERPRÈTE AU MINISTÈRE DES AFFAIRES ÉTRANGÈRES
PROFESSEUR PRÈS LA CHAMBRE DE COMMERCE DE LYON
MAITRE DE CONFÉRENCES A L'UNIVERSITÉ DE LYON

PARIS

LIBRAIRIE GÉNÉRALE DE DROIT & DE JURISPRUDENCE

Ancienne Librairie Chevalier-Marescq et Cie et ancienne Librairie F. Pichon réunies

F. PICHON ET DURAND-AUZIAS, ADMINISTRATEURS

Librairie du Conseil d'Etat et de la Société de Législation comparée

20, RUE SOUFFLOT (5e ARRt)

1904

TABLE DES MATIÈRES

AVANT-PROPOS

En écrivant ces pages, j'ai surtout pensé à l'Extrême-Orient : c'est donc à cette région du globe que s'appliquent avant tout mes observations, chaque fois que je ne donne pas d'indications contraires. Je ne crois pas me tromper cependant en admettant que le problème des rapports entre civilisations diverses, entre protecteurs et protégés, se pose partout de manière semblable, non identique.

Je ne prétends exposer ni faits nouveaux, ni théories nouvelles, des idées analogues ont déjà été défendues par des voix autorisées, mais il est bon, je crois, qu'on les remette au jour pour ne pas les laisser oublier. Les faits, j'en ai puisé un certain nombre dans mon expérience personnelle ; de beaucoup d'autres, je dois la connaissance à la Bibliothèque de l'Union coloniale, à l'Office colonial, à divers correspondants qui de France même et d'Allemagne, d'Angleterre, de Belgique, de Hollande, de Russie, de Chine, ont bien voulu répondre à mes questions; j'exprime ici ma reconnaissance à ceux qui avec tant de bonne grâce m'ont ainsi prêté leurs lumières (1).

Je n'ignore pas non plus les lacunes de mon

(1) Je me suis aussi servi des ouvrages suivants.

E. Boutmy *le Recrutement des Administrateurs coloniaux*, Paris, 1 vol. in-12, 1895.

J. Chailley-Bert, *la Colonisation de l'Indo Chine, l'Expérience anglaise*, Paris, 1 vol. in-12, 1892; *Java et ses habitants*, Paris, 1 vol. in-12, 1901; *la Hollande et les fonctionnaires des Indes néerlandaises*, Paris, 1 vol. in-18, 1893.

Paul Doumer, gouverneur général, *La Situation de l'Indo-Chine*, 1897 1901, Hanoi, 1 vol. in-4, 1902.

Exposition Universelle de 1900: Publications de la Commission chargée de préparer la participation du Ministère des Colonies. Les Colonies françaises Introduction générale et 5 tomes (voir spécialement tome II. Organisation administrative, judiciaire, politique et financière, par A. Arnaud et H. Méray : tome IV, l'Œuvre scolaire de la France dans les colonies, par H. Froidevaux). 6 vol. in-8, Paris, 1900 et 1901.

Institut colonial international. Compte-rendu de la session tenue à la Haye (rapport de M. Chailley-Bert sur le recrutement des fonctionnaires coloniaux), Paris, 1 vol. in-8, 1895.

Institut colonial international: Bruxelles. Bibliothèque coloniale internationale, 2e série. Les Fonctionnaires coloniaux, documents officiels; tome I, Espagne, France; tome II, Iudes néerlandaises, Etat indépendant du Congo, Indes anglaises, Colonies allemandes; 2 vol. in-8, Paris, 1897 et sans lieu ni date.

A. Lawrence Lowell: *Colonial civil service, the Selection and training of colonial officials in England, Holland and France, with an account of the East India College at Haileybury* (1806-1857) by H. Morse Stephens, New-York, 1 vol. in-18, 1900.

Le Ministère des Colonies à l'Exposition Universelle de

exposé; pour faire un travail plus complet, il eût fallu souvent poursuivre mon enquête sur place, recourir à des voies officielles : l'un comme l'autre m'était difficile. J'espère toutefois que les faits recueillis, par le rapprochement même, intéresseront quelques personnes et que les idées développées seront prises non pour un système préconçu, mais pour ce qu'elles sont en effet, pour le fruit de quelques observations et de quelques lectures.

1900 : Colonies et pays de protectorat (voir spécialement les Auxiliaires de la colonisation, par M. Auguste Terrier), 1 vol. in-8, Paris, 1900.

Sir J. Strachey: *l'Inde*, préface et traduction, par J. Harmand, Paris, 1 vol. in-8, 1892.

D'autres références seront indiquées en note à mesure qu'il en sera besoin.

L'EUROPÉEN CHEZ LES ASIATIQUES

I

En revenant de leur tour d'Europe, trois hommes des bords du Pacifique échangent leurs impressions : « Chez moi, dit le Chinois Lieou, il n'est pas d'usage que les personnes distinguées aillent au théâtre ; si par hasard elles s'y montrent, c'est en costume simple et non officiel. Je vois qu'à Paris les indigènes revêtent leur uniforme noir pour assister aux rites de l'Opéra et du Théâtre Français ; les insulaires de Londres, qui font de même chez eux, mettent d'habitude leur complet du matin, quand ils assistent à ces cérémonies sur le continent : c'est sans doute pour marquer leur supériorité. — Dans notre pays, dit Pak le Coréen, les femmes de la noblesse ne sortent jamais à pied, et parmi celles du peuple, on ne voit guère dans les rues à visage découvert... —

Et l'estomac découvert aussi, au-dessous des seins jusqu'à la ceinture, interrompt le Japonais. — Vous avez raison, mais ce ne sont que des femmes du peuple, seulement les vieilles et les laides. En Occident, une femme distinguée ose à peine allaiter son enfant sous les yeux de son frère et elle ferme sa porte à tous les hommes jusqu'à trois heures de l'après-midi. Passé .trois heures, elle reçoit en tête-à-tête indistinctement tous ceux qu'elle a rencontrés une fois; le soir venu, elle se déshabille à moitié pour aller en public se jeter dans les bras d'un jeune homme et tourner avec lui corps à corps. Cette cérémonie manque de noblesse. — Il est vrai, répond Licou, ce sont des rites barbares. — A mon arrivée en Europe, reprend Kinosita, le Japonais, je vais assister à un mariage, j'y vois tous les hommes debout, le chapeau sur la tête; peu de jours après, convié à un autre mariage, je garde mon chapeau; arrive un yakou-nin tout doré l'épée au côté, qui veut me mettre dehors si je ne me découvre. Je ne savais d'abord que penser de l'aventure; vraiment, ces règles de politesse sont bien compliquées pour des étrangers. Et l'on m'a dit qu'en Algérie, un pays où il y a des préfets et des soldats français, il existe des temples où l'on ne peut entrer qu'en se déchaussant à la porte. — Sans doute, les gens de ce pays-là ont voulu imiter notre resplendissante civilisation, remarque le Coréen. — Aux Etat-Unis, continue Licou, la constitution est bien bizarre de faire des électeurs avec tous les nègres, comme si des hommes qui ont de grosses lèvres et la peau noire, n'étaient pas encore bien au-dessous des blancs. Du moins, le peuple est plus raisonnable, quand il lynche ces démons noirs sans les entendre et quand il se révolte contre le Président, qui a fait asseoir un nègre à sa table. »

Il est inutile d'écouter plus longtemps cette conversation ; nos trois Asiatiques, comme la plupart de leurs frères, ne manquent pas de finesse et bien que ces règles soient subtiles, du moment qu'elles existent, ils s'y soumettent. Il y a plus de deux siècles que Pascal a dit :

« ..... La coutume ne doit être suivie que
« parce qu'elle est coutume, et non parce qu'elle
« soit raisonnable ou juste. Mais le peuple la
« suit par cette seule raison qu'il la croit juste...
« Il serait donc bon qu'on obéît aux lois et cou-
« tumes parce qu'elles sont lois ».

Trop souvent, les Occidentaux en Extrême-Orient n'ont pas tant de sagesse ; orgueilleux de leur supériorité de race, ils raillent et violent ouvertement les coutumes les plus simples du peuple parmi lequel ils vivent. Des gens qui ont le nez large et la peau jaune sont-ils des hommes ? Si ce sont des hommes, pensent les uns, quelques moqueries, qui procureront toujours à leur auteur un succès de vanité, leur feront comprendre le ridicule de leurs habitudes, les convertiront à la raison qui, chacun le sait, ne règne que de la Manche à la Méditerranée. A en croire quelques autres, s'ils ont des mœurs aussi peu conformes au décorum et à la respectabilité, ce ne sont que des brutes; il n'y a à tenir d'eux aucun compte, non plus que de ceux qui n'ont pas eu le bonheur de naître au nord du Pas-de-Calais. Mais ces procédés ont médiocrement réussi jusqu'ici; les habitants des rives du Pacifique n'aiment pas qu'on vienne exploiter leurs richesses, les brutaliser eux-mêmes, violer leurs lois, se moquer de leurs traditions; parfois, ils reconnaissent notre supériorité partielle, adoptent même notre costume, mais ils entendent agir à leur moment et ne veulent pas qu'on poste aux portes de la ville des soldats armés de ciseaux pour rogner les manches et rabattre le chignon des passants, ainsi qu'ont fait il y a quelques années les Japonais à Seoul.

Il faudrait donc inaugurer une autre méthode, ou plutôt en pratiquer plus généralement une qui n'est pas neuve : beaucoup d'Occidentaux ont tâché de comprendre les Asiatiques, de pénétrer leurs sentiments, de respecter leurs croyances et de les traiter avec la sympathie et l'estime que mérite toute personne humaine. Il ne s'agit pas d'adopter leurs mœurs et de singer Coréens ou Annamites, Japonais ou Chinois; ce serait faire à l'orgueil de ces peuples, orgueil non moindre que le nôtre, le sacrifice d'une part de notre personnalité et de notre dignité. Mais il faut, en toute matière étrangère à l'essentiel de notre vie morale, reconnaître qu'il n'y a pas de raison absolue, que les actes indifférents n'ont de valeur que par la coutume; ce qui n'interdit pas la propagande discrète et opportune de la vérité scientifique, des principes moraux supérieurs. Si nous allons vivre au milieu des Chinois ou des Annamites, il faut en tirer notre avantage, mais sans détriment matériel ou moral pour nos hôtes: à cette seule condition les relations pourront être pacifiques, durables. N'oublions pas que ces hommes vivaient en société avant qu'il fût question d'idées chrétiennes ou modernes; que ces sociétés continuent d'exister depuis deux millénaires ou davantage, que les principes qui leur ont assuré cette durée ne sont donc point méprisables; que ces civilisations vivent, se transforment, que leur disparition replongerait dans la barbarie la moitié de l'humanité, et qu'elles ne sont pas enfin si différentes des nôtres, puisqu'on y trouve des Etats, des souverains et des peuples, des groupements tels que familles et églises, associations communales et corporations. Il n'y a lieu de notre part ni à mépris ni à raillerie. Qu'importent alors les manifestations différentes de sentiments humains analogues?

Au delà du costume et des formes de politesse, il est d'autres questions plus profondes où les divergences ne sont pas moindres, telles par exemple les coutumes qui règlent la famille et la condition de la femme, l'autorité des chefs dans la famille et dans les groupes plus étendus, telles les idées relatives à l'esclavage, telles les croyances religieuses. Ces questions touchent à notre personne même; nous avons tout droit, sinon toujours toute raison, de préférer les solutions reçues dans notre civilisation européenne, à les écarter nous perdrions quelque chose de notre vie morale. Mais devons-nous les imposer à ceux qui nous sont soumis? non ; parce que nous ne saurions contraindre autrui au renoncement auquel nous nous refusons ; la personnalité des allogènes doit nous être aussi respectable que la nôtre propre. Il faudrait donc, pour que l'Européen possédant l'autorité fût justifié à interdire tel acte de la vie traditionnelle des indigènes que cet acte violât manifestement une personnalité ; cette condition ne se trouve peut-être pas complètement remplie en dehors de l'anthropophagie, de la traite, de certains meurtres rituels. Ce que nous appelons superstition, n'est souvent que l'extension abusive par analogie d'une observation juste ; la solidarité de la famille, depuis les ancêtres jusqu'à la descendance future, si elle restreint l'action de chaque membre, est au premier rang des forces de conservation sociale ; l'esclavage est souvent pour l'esclave même une condition protectrice. Il faut savoir écarter les apparences, le faux jour jeté par les mots et creuser jusqu'à la réalité des faits humains et économiques. Alors, en face même d'institutions qui nous répugnent, nous nous abstiendrons souvent de condamner ; pour établir la supériorité de nos coutumes, nous nous fierons plus à la force de l'exemple qu'à la propagande orale souvent indiscrète et qui en tout cas ne devra pas être plus que l'explication toute simple de ce que nous admettons comme bon. Tout d'ailleurs est ici affaire d'espèces et de mesure; tout système est susceptible de devenir dangereux; le seul principe est le respect de la personne humaine.

Avec cette règle unique l'attitude de l'Européen chez les Asiatiques resterait négative; le ressort de l'action est de chercher à être utile. Nous nous sommes imposés à des peuples qui ne nous avaient pas appelés; ce ne sont pas nos discours ni nos idées qui nous feront bien venir; paroles et idées ne valent que si elles résument des expériences ou inspirent des actes. Les actes, ce sont des services; soyons utiles, rendons-nous nécessaires; le bien que nous aurons fait aux indigènes, nous défendra mieux que beaucoup de troupes et de canons, sans toutefois les rendre tout à fait inutiles, telle est l'infirmité humaine

Quelques-uns se moquent de la longue tresse des Chinois, de leurs amples robes, de leurs saluts profonds; il ne semble pas que les perruques et les embrassades, ou les cheveux courts et les poignées de main aient une valeur intrinsèque, et ce n'est pas sans raison que les Asiatiques ridiculisent nos vêtements étroits et collants, accusant les formes d'une façon à peine décente. Pourquoi sourire, quand nous voyons vêtu de blanc et appuyé sur un bâton un homme qui suit un cercueil? en quoi ces signes de deuil sont-ils inférieurs à nos vêtements noirs? Les Asiatiques, peut-être par suite de leur longue existence sociale, sont habituellement d'une politesse raffinée, qui s'exprime dans leur langage et dans leurs actes et qu'il nous est difficile de nous assimiler tout entière; du moins n'en faisons pas fi par principe ou par bravade. Ne mettons pas à notre droite l'hôte que nous recevons, puisque la place d'honneur est à gauche, à moins de lui faire comprendre que, dans une maison européenne, sur un sol européen par fiction, nous lui donnons la place d'honneur européenne; encore ce raisonnement semblera-t-il trop subtil à plus d'un. Si l'on nous offre une tasse de thé, eussions-nous grand soif, ne l'avalons pas gloutonnement avant de nous asseoir, mais, étant assis, élevons-la des deux mains à la hauteur du visage, en signe de considération, nous pourrons ensuite la boire d'une conscience apaisée. Sous prétexte d'activité ou de simplicité, ne manquons pas à ce décorum, à cette lenteur, qui irritent notre tempérament inquiet, mais qui en Asie sont l'expression de la dignité personnelle. De ces détails sont faites les relations journalières, le ton de notre interlocuteur indigène change selon qu'à cela il reconnaît un homme bien élevé ou grossier, la marche même des affaires s'en ressent.

Il ne manque pas dans ces sols étrangers de richesses dont nous pouvons montrer à tirer parti; nous pouvons, par l'industrie et le commerce, faire vivre des populations habituellement affamées, les soulager par la médecine, développer leur esprit par la connaissance des sciences exactes et naturelles, élever leur moralité en leur procurant plus de sécurité, plus de justice, plus de bonté. Notre idéal est assez haut pour dominer même les civilisations les plus différentes; le rôle de l'Européen au loin, c'est de prêcher cet idéal par l'exemple plus que par la parole, c'est d'instruire et de diriger; si jamais ce rôle ne peut être intégralement rempli, toutefois chacun peut et doit, dans son cercle large ou restreint, appliquer ces principes, travailler à rapprocher l'Asiatique de l'Occidental.

Telles sont les idées dont doit se pénétrer quiconque va s'établir en Extrême-Orient; pour les réaliser, il faut une volonté constante qui devienne une habitude; du moins, la première condition pour réussir, c'est de connaître les indigènes, de savoir leur parler, de déchiffrer leurs sentiments.

II

Les affaires privées en Extrême-Orient sont faites au moyen d'intermédiaires, à de rares exceptions près. Jusqu'aux traités qui ont suivi la guerre de l'opium, les Chinois ne permettaient pas que leur langue fût enseignée ni que des livres fussent vendus à des étrangers; les chefs des factoreries de Canton n'avaient de rapports qu'avec les Hannistes, marchands privilégiés, placés sous la surveillance du Hoppo (surintendant des douanes); ils étaient entourés de linguistes, compradors et serviteurs chinois, tous fournis par les Hannistes et possesseurs de charges semi-officielles qui étaient vendues aussi bien que les charges inférieures des yamens. Les commerçants étrangers étaient si bien résignés à cette situation qu'après 1842, il ne leur vint pas à l'idée d'apprendre le chinois; les charges de marchands privilégiés, linguistes, compradors ayant été abolies, ils engagèrent des employés indigènes connaissant plus ou moins les affaires et le *pidgin english*, le sabir de la mer de Chine, et leur donnèrent encore le nom de compradors.

La situation est la même aujourd'hui; il n'est presque pas de chef maison qui sache la langue chinoise, le nombre des employés européens qui en ont une teinture, est excessivement faible; et comme les commerçants chinois ignorent les langues européennes, il en résulte que toutes les affaires sont traitées en *pigdin english*, jargon dénué d'expression, restreint à un cercle étroit d'idées. Pas plus qu'autrefois, les négociants européens et chinois n'entrent en rapports directs; les compradors, toujours chinois, servent d'intermédiaires pour les négociations et pour les conventions souvent verbales : ce dernier trait est à l'éloge de tous, car il est rare qu'un marché conclu ne soit pas exécuté. Le comprador, recevant habituellement un léger traitement ou des frais de bureau, recherche des affaires à l'exportation comme à l'importation, pour le compte du patron et touche une commission sur toutes celles qu'il fournit; par son contrat d'engagement, il se réserve le droit de faire pour son compte ou de procurer à autrui les transactions refusées par son employeur; en raison de sa connaissance de la place et du fait que les Européens ignorent le chinois, il est consulté en tous cas, discute le marché, est informé immédiatement de la conclusion, surveille l'exécution dont il est responsable. L'habitude est prise: quand même le négociant chinois s'aboucherait directement avec le vendeur ou avec l'acheteur étranger, le comprador omniprésent est vite au fait et perçoit son bénéfice usuel, sans quoi il trouvera mille moyens pour rompre l'affaire, ou pour dégoûter du moins ceux qui ont eu la velléité de se passer de lui. Les vendeurs chinois, par ignorance et routine, ne cherchent pas à s'adresser à d'autres qu'à leurs compatriotes; les importations se faisant principalement à la commission, sur ordre des acheteurs chinois, le marché est d'autant mieux dans les mains du comprador qui, en même temps que courtier, est caissier, procure et dirige le personnel indigène sous sa responsabilité pécuniaire.

Pour ce rôle complexe, on trouve souvent des hommes d'expérience, d'un instinct commercial sûr, offrant de multiples garanties par leur honnêteté, par leurs ressources pécuniaires, par la caution de grandes maisons chinoises. Un comprador n'est pas toujours, il s'en faut, un simple employé; il a souvent une fortune personnelle importante, plusieurs centaines de milliers de taëls ou davantage : représentant une grande banque ou une grande maison d'importation, en

rapports avec tous les commerçants étrangers ou
indigènes, il est lui-même homme de grandes
affaires. Ainsi ce Cantonais nommé Tong, comprador de la maison Jardine, Matheson et qui est
mort à Chang-hai (mars 1904); il avait étudié aux
Etats-Unis; devenu chef comprador de la maison
susdite, il était aussi président de l'association
cantonaise, membre de la Chambre de commerce
chinoise de Chang-hai; il soutenait plusieurs
institutions d'instruction occidentale. Un tel
homme, dont la valeur sociale ne peut être exa-
gérée, est un associé pour le commerçant européen plus qu'un employé; mais il est aussi la
réalisation complète et rare d'un type dont les
ébauches sont naturellement plus fréquentes.
Un bon comprador donne beaucoup de sécurité
aux affaires, seul il connaît bien la solvabilité
des négociants indigènes et sait assurer exactement les rentrées; il ménage des loisirs que l'Européen chef de la maison apprécie; il est indispensable dans l'état actuel des places chinoises,
et par là même dangereux. Le chef, en effet, avec
son personnel européen, est réduit aux rapports
avec l'Europe et avec les maisons étrangères de
la place; la connaissance du marché indigène et
de ses fluctuations, la recherche des combinaisons,
l'esprit d'invention en un mot est du domaine
du comprador, pour lequel le directeur européen devient, en quelque sorte, un chef de correspondance européenne. Cette situation, qui va
s'accentuant, surtout à Canton, Hong-kong,
Chang-hai, a été signalée par plus d'une enquête,

commerciale (1). Diminution des bénéfices européens par l'abus des intermédiaires, dépendance des négociants étrangers à l'égard des

(1) Parlant des compradors, le Dr. Oki, docteur en médecine d'Edimbourg et avocat, un Chinois de Hong-kong, s'exprime ainsi : « Le négociant étranger n'est plus un né« gociant, mais simplement un agent pour le comprador, « celui-ci faisant toute la besogne, trouvant les clients, « leur vendant, leur donnant sa garantie. Cette situation « s'est développée graduellement par les habitudes du né« gociant qui en prend à son aise et est incapable de par« ler chinois... Naturellement si le comprador prend tous « les risques et garantit complètement tous les comptes « ouverts aux négociants chinois, sa commission doit être « élevée et personne ne sera surpris si pour chaque piastre « gagnée par la maison étrangère, le comprador en gagne « une aussi... A moins que les négociants ne se décident « à travailler dans l'avenir plus qu'ils ne travaillent à « présent, ils devront partir ; il est indispensable que les « fabricants d'Europe envoient ici des agents bien au fait « des affaires, et qui apprennent à parler chinois. »
Cette opinion est rapportée avec approbation par les rédacteurs du *Report of the mission to China of the Blackburn Chamber of commerce* 1896-7 (1 vol. in-8, Blackburn, 1898, II, pp. 325,326). S'exprimant en leur nom, les rapporteurs écrivent (p. 324). « Dans la position qu'il occupe le « comprador peut accepter ou refuser les offres de tous « clients éventuels de la maison; il exerce un pouvoir « discrétionnaire pour l'acceptation ou le refus de toute « affaire qui lui paraît présenter le moindre risque; et il « a cent raisons à donner pour repousser un client quel« conque, si le chef lui demande compte. De cette façon « le pouvoir du comprador devient absolu; il est tout à « fait conforme avec le caractère chinois qu'il exige une « commission sur tous les achats des clients qui ont le « privilège de traiter par lui. »
Tout ce chapitre doit être médité par qui veut se faire

Chinois, accaparement des affaires par ceux-ci et substitution graduelle des maisons chinoises aux autres, tels sont les inconvénients les plus visibles; il en faut ajouter d'autres et de non moins graves. Les détournements sont rares, les commissions exagérées, les collusions beaucoup moins. Beaucoup de compradors des ports du sud sont entrés dans des associations qui se portent fermières des droits de *li-kin* sur tels ou tels produits, dans tels ou tels districts; les importateurs ont intérêt à avoir des stations de *li-kin* peu nombreuses, avec des taux peu élevés, à multiplier les ports ouverts, à faire directement leurs transactions à Tchhong-khing et à Woutcheou par exemple, en évitant les multiples intermédiaires de Chang-hai ou de Canton; les compradors, employés des étrangers, mais fer-

une idée du commerce étranger en Chine, des vices dont il souffre, et qui le feront périr s'il n'adopte sans tarder de nouveaux errements. On me pardonnera de citer encore quelques lignes du même chapitre. « L'ignorance de la « langue nous a si souvent frappés dans notre voyage à « travers le pays, que nous formulons résolument l'avis « suivant : tout jeune employé d'une maison de commerce « devrait être contraint d'apprendre la langue du pays... « . . L'argument donné pour défendre cette négligence, « est que l'on aurait à apprendre tant de dialectes! Cet « argument est absurde. Sachant le mandarin, la langue « classique du pays, nous avons pu parcourir les provin-« ces du Yang-tseu, le Kwei-tcheou, le Kwang-si, et les « banquiers, négociants, boutiquiers, bien plus les porte-« faix dans la rue, ont été également en état de nous com-« prendre et de nous répondre ».

miers du *li-kin*, cherchent à faire rendre le plus
possible à leur ferme, à maintenir le commerce
européen dans quelques grands centres (1). De
là des ententes, des mots d'ordre donnés pour
interdire tout achat à l'étranger qui veut s'établir à l'intérieur, difficultés consulaires et intervention diplomatique en fin de compte; de là,
d'une manière plus générale, opposition à l'ouverture des rivières, même à la construction des
chemins de fer, qui favoriseront les Européens
et les commerçants de l'intérieur. D'un autre
côté, les compradors, les moins bons qui sont en
majorité, souvent gens routiniers, paralysent le
commerce de Chine; ils ont l'habitude de traiter
dans des conditions qui leur sont connues, avec
telles maisons, sur telles places, en stipulant tels
délais et modes de livraison et de paiement;
difficilement ils consentent à examiner une affaire
présentée autrement, à entrer en relations avec
une ville qui leur est nouvelle, où les coutumes
commerciales sont différentes : les courants commerciaux sont fixés, par exemple, de Chang-hai
à Han-kheou et de Han-kheou à Yi-tchhang, les
commerçants de ce dernier port feraient volontiers leurs affaires à Chang-hai, ils ne sont pas
toujours accueillis. Le consommateur, le détail-
lant chinois aimeraient avoir des assortiments
plus variés, des modèles renouvelés de temps en
temps, des articles nouveaux; l'activité des affai-

(1) Plusieurs faits de ce genre sont cités dans *Blackburn
China Mission*, II, p. 328.

res en serait augmentée, pourvu que l'on eût soin
de n'envoyer que des produits de bonne qualité
et rentrant, par exemple s'il s'agit d'étoffes,
dans les gammes de couleur, dans les genres de
dessin qui plaisent aux Chinois et qu'il n'est pas
difficile de connaître (1). Mais les compradors
ont leurs habitudes, proposent deux ou trois qualités, toujours les mêmes, n'en connaissent pas
d'autres (2). Ce système procure au commerce
européen, avec la stabilité, la stagnation. Le
Japonais, plus capable de s'entendre avec le Chinois, moins alourdi par l'emploi des compradors,
profite de la situation, étend incessamment son
commerce, ses entreprises de navigation, son
industrie; tandis qu'en Annam, en Corée, même
au Japon, les Européens, toujours ignorants de
la langue du pays, ont maintenu ou introduit
les intermédiaires chinois, qu'il ne peuvent surveiller directement.

On ne peut se passer des compradors, on ne
peut les garder tels qu'ils sont : c'est une des
questions les plus graves et les plus complexes
qui se posent aujourd'hui au commerce étranger
en Chine. Elle serait en partie résolue le jour où
un nombre suffisant d'employés parlant le chinois pourraient surveiller les compradors, traiter

(1) Depuis quelques années diverses maisons françaises
se sont mises avec succès à ce genre d'affaires pour les
soieries bon marché. Voir aussi *Blackburn China Mission*,
II, p. 296.

(2) Voir *Blackburn China Mission*, II, p. 329.

avec eux en connaissance de cause, faire échec à leur monopole.

Presque tous originaires de Canton, de Changhai ou de Ning-po, les compradors réussissent moins bien dans les provinces du nord, du centre et de l'ouest, où ils sont dépaysés, dont la population les tient pour des étrangers. Mais c'est surtout pour les affaires industrielles qu'est fâcheux l'emploi d'hommes de la côte comme interprètes et auxiliaires de divers genres, dans des régions où ils ne sont pas nés : ils comprennent mal les indigènes, les méprisent, les régentent, les exploitent et sont détestés. Qu'il s'agisse de construction de voies ferrées, d'exploitation de mines, de direction d'usines, en raison des rapports complexes entre les employeurs, les ouvriers indigènes et la population environnante, les difficultés sont plus diverses que pour un commerçant, le choix des auxiliaires devient de première importance. Des ingénieurs chargés d'études louent un Chinois quelconque, sachant quelques mots d'une langue européenne, et désormais cet homme doit parler pour eux, c'est à travers lui qu'ils seront connus de tous les Chinois qui les entourent. L'interprète chinois transmet les ordres, il les transmet mal, parce qu'il n'a aucune idée précise de ce que veulent faire les ingénieurs ; il distribue la paye des ouvriers, sert de canal à leurs réclamations et aux réponses, aux admonestations des ingénieurs ; il doit apaiser les querelles et est investi en fait d'un pouvoir disciplinaire. Il ne manque pas de profiter de cette part d'autorité, prélève une commission abusive sur les salaires, calomnie ceux qui refusent de payer, vend ses complaisances, favorise les uns, maltraite les autres. L'Européen qui ignore des Chinois les habitudes, les modes d'expression et de raisonnement, ouvre en vain les yeux et applique toute sa perspicacité : il n'entend rien et ne saisit quelque chose que quand le désordre est partout, quand on en arrive aux refus de travail, ruptures d'engagement, voies de fait. A l'égard des paysans, le boy-interprète, devenu par force homme de confiance, se tient déjà pour un peu mandarin, il les rudoie, les traite de sauvages et croit, aussi bien qu'eux, que l'ingénieur recherche des trésors par des moyens magiques ; si quelque vol, violation de propriété, atteinte aux croyances locales suscite un mouvement populaire, par peur de se compromettre, il se tient à l'écart ; sans contact avec la population, il n'en sait pas deviner, traduire les griefs, il ignore la parole appropriée qui satisfait et apaise. L'Européen a des oreilles et n'entend point, ne peut prévoir : il est condamné à attendre et à subir. Les voituriers, jadis maîtres d'une part du trafic entre Thien-tsin et Péking, n'ont rien perdu à l'ouverture de la voie ferrée qui a multiplié les transports et a simplement déplacé leur rayon d'action : ils ne le pouvaient comprendre d'eux-mêmes, il fallait le leur montrer. Les mineurs du Yun-nan ne seront pas contraires aux étrangers, quand ils auront compris qu'une exploitation plus scientifique, plus développée, réclamera plus de bras, plus de capitaux, emploiera en travail et en argent tout ce que le pays pourra fournir, rémunèrera davantage et plus sûrement les uns et les autres ; mais ils ne peuvent saisir cela par eux-mêmes et ils s'imaginent que l'introduction des machines supprimera l'ouvrier chinois. Pour les éclairer, il faudrait, avec des exemples palpables, des hommes connaissant la technique, sachant les mœurs et la langue, capables de trouver l'explication frappante, de la répéter sans lassitude pour user peu à peu le roc du préjugé indigène. Mais cet apostolat scientifique et économique n'est pas à la portée de l'interprète chinois, ignorant, nonchalant, quand il n'est pas encore malhonnête.

Qu'il s'agisse d'ouvriers chinois dans une usine, l'interprète ou le contremaître indigène a les mêmes défaut. Indifférent sauf à son intérêt immédiat, abusant du népotisme et casant toute la troupe de sa famille, partial, relâchant ou resserrant capricieusement le nerf de l'autorité, vénal à l'égard de ses inférieurs, il est aussi incapable de diriger que de transmettre la direction, véritable fléau, mais fléau nécessaire, tant que l'on n'a pas un personnel technique étranger formé pour traiter avec les indigènes. Les entreprises chinoises officielles ou privées, fondées depuis une quinzaine d'années à Changhai, Han-yang ou autre part, sont en situation plus mauvaise encore que les étrangères, parce que les chefs fermes et compétents y manquent à partir du haut ; beaucoup périclitent par la qualité et la quantité insuffisantes du travail, par la multiplication des sinécures, par l'absence de direction, elles sont alors rachetées par des étrangers, souvent par des Japonais, telles les filatures de coton de Han-yang. Dans de telles entreprises nouvelles en Chine, le Chinois n'est pas acclimaté ; il y est naturellement mal préparé par le manque de précision et de volonté qui lui est habituel. Comme il n'y a entre chefs d'industrie étrangers et ouvriers indigènes aucun corps constitué d'intermédiaires analogues aux compradors, il n'y aura ni difficulté ni lutte le jour où un industriel, trouvant des collaborateurs européens capables par leurs connaissances techniques et leur science de la langue, les préférera aux auxiliaires insuffisants dont il dispose aujourd'hui.

Ces observations s'appliquent à toutes les industries, filature ou préparation du thé ou autres ; elles s'appliqueront aux exploitations agricole et forestière, le jour où l'on voudra perfectionner celles-ci, les étendre aux terres incultes (tout n'est pas dit en Chine, même pour l'agriculture) ; elles s'appliqueront chaque fois qu'une volonté étrangère s'essaiera à faire travailler les Chinois suivant les méthodes exactes qui leur sont inconnues.

Et si de Chine on passe en Corée ou en Indo-Chine, la situation n'est pas différente, parce que la même ignorance, la même absence d'esprit scientifique et d'énergie raisonnée prévalent dans les trois régions; l'Européen, par la langue et par la formation intellectuelle, est trop éloigné des Asiatiques pour s'entendre directement avec eux; entre ces deux extrêmes, il faut un moyen terme; ce rôle est pour le moment inaccessible aux indigènes, si l'on veut faire réussir et progresser les entreprises; il incombe à des Européens, choisis avec soin, formés scientifiquement et pratiquement.

III

Pour les rapports officiels, on a dès longtemps reconnu l'impossibilité de se fier à des interprètes indigènes, trop souvent tentés de faire de la diplomatie ou de l'espionnage pour eux-mêmes ou pour le compte de leur gouvernement; n'eût-on affaire qu'à des hommes honnêtes, comme il s'en rencontre, ces interprètes, munis d'un bouton hiérarchique pour avoir accès auprès des mandarins, dépendant du ministre ou du consul, n'osent jamais traduire une réponse désagréable; ils pallient les expressions, adoucissent les angles, changent totalement le caractère d'un entretien. Les interprètes européens seraient indispensables, ne s'agît-il pour eux que d'assister aux discussions et de rétablir les traductions exactes; en fait, les indigènes ne sont plus, et depuis longtemps, employés dans la plupart de nos postes d'Extrême-Orient que comme copistes, rédacteurs et traducteurs de pièces non confidentielles ; souvent ils fournissent des renseignements qui ne sont pas dépourvus de valeur. Mais toujours l'interprète européen les contrôle, les dirige, parle lui-même aux fonctionnaires, rédige et traduit lui-même tous les documents importants ; fréquemment placé près d'un chef ignorant la langue et les usages du pays, il est appelé à exercer sur la nature des relations avec les autorités locales, une influence contrastant avec sa situation telle qu'elle est consacrée par l'usage. Malgré les limites étroites où sont renfermés les indigènes, parfois encore il y a à réprimer des abus qui se glissent par le canal de ceux qu'on engage comme interprètes ou comme serviteurs et qui sont tentés de tirer profit près de leurs compatriotes, marchands ou paysans, de leurs attaches connues avec les représentants étrangers. Un homme très honorable, très dévoué à ceux qui l'employaient, se trouvait, en qualité d'interprète d'un consulat étranger, pourvu d'un petit rang officiel dans la hiérarchie du pays ; chargé de famille, touchant des émoluments assez maigres, il accepta d'un compatriote la mission rétribuée de régler près des mandarins une question litigieuse embrouillée, c'est-à-dire en fin de compte d'user du crédit du consul pour des intérêts privés indigènes ; il s'aperçut bientôt qu'il se fourvoyait et, comme j'étais en relations avec lui, vint me demander avis : je lui conseillai de rendre l'argent reçu, de se retirer discrètement de la négociation et lui

fis comprendre l'incorrection et l'imprudence de
sa conduite. Des faits analogues ne sont pas
rares dans des pays où tout dépositaire d'une
parcelle d'influence est autorisé par l'usage à en
trafiquer pour vivre ; mais ils sont contraires à
la dignité et à l'action légitime des représentants
étrangers et l'interprète officiel européen doit
toujours veiller, tout éclaircir jusqu'au fond, sé-
vir s'il y a lieu. Le chef du poste est habituellement plus éloigné des indigènes, comprend plus
difficilement, juge plus sévèrement leurs idées
et leurs faiblesses ; il lui serait peu aisé de
régler par lui-même ces questions secondaires,
en eût-il le loisir et le goût.

Combien ces questions de service intérieur
prennent-elles plus d'importance dans les villes
où il existe des concessions étrangères, où le
consul administre non seulement ses nationaux,
mais un nombre beaucoup plus grand d'indigènes, où il juge des litiges mixtes, où il doit
arrêter les malversations possibles des employés
du consulat, l'abus que les Chinois domiciliés
tentent de faire de la protection étrangère, les
entreprises des mandarins contre certains commerçants indigènes importants, coupables à leurs
yeux de ne se pas laisser *squeezer* assez facilement ! Tout cela, en Chine, se passe en chinois,
et je ne sais comment peut régler ces détails de
chaque jour un consul ignorant la langue, privé
d'un collaborateur européen compétent et sérieux : avoir recours à un boy comme interprète
est peu sûr et peu digne aux yeux des Orientaux

toujours prêts à concevoir du dédain pour les
« barbares ». Dans le service consulaire britannique, tous les consuls ayant commencé par être
interprètes, connaissent pratiquement le chinois
et les Chinois ; dans les postes importants, ils
disposent d'un personnel d'interprètes capables
de les seconder et de se former par leurs exemples et leur expérience. Ce système mériterait
d'être plus généralement pratiqué.

L'administration, en pays d'action directe ou
de protectorat, des indigènes qui nous sont soumis, ne diffère pas essentiellement de celle des
concessions. L'Européen qui doit établir et per-
cevoir l'impôt sous ses diverses formes, rendre
ou faire rendre la justice, commander les troupes
indigènes, faire et entretenir les routes, traiter
avec le peuple ou avec les mandarins, ne le peut
faire efficacement que s'il possède à fond la langue du pays et s'il en sait les mœurs. S'il lui
manque ces deux ordres de connaissances d'ailleurs inséparables, il est livré à la merci des interprètes indigènes ; ceux-ci, sortant habituellement des rangs inférieurs de la population, sont
méprisés de leurs compatriotes, parce qu'ils
n'ont ni l'instruction ni la bonne éducation auxquelles l'Annamite, comme le Chinois, attache
tant de prix, sont redoutés à la fois pour le pouvoir discrétionnaire que leur abandonne l'ignorance du fonctionnaire européen.

Un jeune homme fraîchement diplômé d'une
faculté de droit, ou un homme d'expérience qui
a exercé en Afrique ou à la Guadeloupe, débar-

que à Saigon et juge une affaire indigène ; les questions et les réponses sont transmises par un interprète annamite assermenté (ne pas oublier toutefois l'adage *traduttore traditore*) ; les juges, le greffier sont par eux-mêmes sourds et muets, peut-être aveugles aussi faute d'avoir pratiqué les Asiatiques ; l'accusé ou le plaideur est en réalité livré aux interprètes, secrétaires ou autres subalternes, dont il faut acheter la bienveillance ; l'avocat, français, ne lui sert de rien puisqu'il ne peut l'entendre, c'est seulement un intermédiaire de plus à payer (1). Enfin une sentence est rendue, inspirée sans doute du Code civil ou du droit musulman, mais sans contact avec le droit annamite, non appropriée aux conditions du pays.

Ce système a trop longtemps duré, soulevé des plaintes trop justes ; seule parmi les puissances coloniales, la France maintient une partie de ses sujets indigènes sous une juridiction

---

(1) « Chez les avocats-défenseurs en exercice en Cochin-
« chine il existait aussi deshabitudes fâcheuses et des pra-
« tiques blâmables... Les justiciables indigènes étaient ex-
« ploités par une foule de pisteurs, d'agents d'affaires véreux
« qui souvent provoquaient les procès et venaient ensuite les
« offrir aux avocats-défenseurs. Il s'établissait alors entre
« l'avocat et ce pourvoyeur d'affaires un véritable mar-
« chandage dont le résultat était invariablement le même :
« l'allocation par l'avocat d'une partie de ses honoraires
« à l'individu qui lui avait apporté une cause à plai-
« der ». (Notes sur les réformes judiciaires accomplies en Indo-Chine, de 1897 à 1901 ; P. Doumer, *la Situation de l'Indo-Chine*, p. 364).

et des lois qui ne sont pas faites pour eux. Les Allemands à Kiao-tcheou, malgré leur méfiance des mandarins, font au moins appliquer le droit chinois mitigé par des fonctionnaires allemands du corps des interprètes. Mais chez les Russes à Port-Arthur les notables indigènes subsistent, gardent leurs pouvoirs de première juridiction ; les tribunaux russes ne sont compétents entre indigènes que sur la demande de ceux-ci. A Java les magistrats indigènes jugent sous le contrôle d'un Hollandais. « Dans l'Inde presque « tous les sièges des cours civiles, à l'exception « des cours d'appel, appartiennent aux indigè- « nes, et dans chacune des hautes-cours on voit « un juge indigène siégeant au *Bench* ; les juges « indigènes exercent depuis longtemps la juri- « diction dans les affaires de toute catégorie, « sur les Européens comme sur les indigè- « nes » (1).

Les mesures prises par le gouvernement général depuis quelques années indiquent l'abandon de nos assimilations fâcheuses et font mieux augurer de l'avenir. A Kwang-tcheou-wan, les *kong hou* assemblées de notables, sont restées juridiction de première instance pour les petites causes et ont au-dessus d'elles un tribunal mixte, formé d'un administrateur et de deux assesseurs chinois. Le Tonkin conserve son droit et ses tribunaux traditionnels ; au *kinh-luoc*, juge suprême d'appel, supprimé en août 1897, a été

____

(1) Strachey, *l'Inde*, p. 261.

substituée après un intervalle (novembre 1901)
une commission d'appel formée de trois magistrats français et de deux mandarins (1). L'organisation judiciaire a été aussi l'objet des soins
du gouverneur général actuel. Mais jusqu'ici la
Cochinchine reste dans la situation indiquée
plus haut et qui a été produite en partie par la
désorganisation sociale du pays à la suite de la
conquête. Les exemples étrangers, l'expérience
de la France dans ses propres possessions, indiquent de plus en plus la nécessité d'avoir un
corps de magistrats spéciaux instruits des mœurs
et de la langue locales. Il doit être admis désormais que l'Européen apprécie difficilement
l'équité et l'effet d'un arrêt à l'égard des indigènes : la fréquentation du juge annamite
doit lui tenir lieu de l'expérience qui lui manque, pourvu que ce juge soit bien instruit des
coutumes et des lois de son pays, pourvu que le
magistrat français soit capable de converser directement avec lui.

La distribution de la justice est de première
gravité pour les rapports entre protecteurs et
protégés ; c'est pourquoi je l'ai prise comme
exemple et je m'y suis un peu étendu. De même
le résident, pour le bien du district qui lui est
confié, a intérêt à s'entendre avec le mandarin
sans ces intermédiaires subalternes qui créent
les préventions et les inimitiés ; les mandarins,

<hr>

(1) P. Doumer, *la Situation de l'Indo-Chine*, pp. 99,
368, etc.

s'ils peuvent compter sur la sympathie de l'administration française, si leur position est respectée et stable, ne nous sont pas hostiles non plus que la population, car nous assurons, et nous assurerions bien mieux encore, l'ordre qui a fait défaut si longtemps ; notre domination profiterait de tout le prestige qu'ils doivent à la coutume, à leur instruction, à leur qualité d'aristocratie annamite. Il réside dans le système des études chinoises, des examens du mandarinat, une grande force sociale qui peut être captée en faveur de la France ; en Cochinchine, on l'a négligée et détruite, on a préféré former des interprètes qui sont des déclassés ; il n'est pas encore trop tard pour agir autrement au Tonkin et en Annam. Mais pour employer les mandarins, il faut des agents français capables de les comprendre, de les estimer, de les surveiller aussi.

IV

En matière privée comme en matière officielle, il faut donc que ceux qui vont en Extrême-Orient pour être en rapports directs avec les indigènes, connaissent leurs langues et leurs mœurs : cela est nécessaire d'un point de vue général et humain, cela est nécessaire pour la bonne marche des affaires, quelles qu'elles soient. Celui qui ignore la langue du pays, res-

tera toujours au-dessous de sa tâche, sauf exceptions : mais on ne peut compter sur les exceptions. A cette compétence locale, à la fois
linguistique et sociale, il doit naturellement
joindre les connaissances techniques requises
par sa profession ; le commerçant a besoin d'une
préparation autre que l'ingénieur, le filateur que
le diplomate ou le missionnaire : ce point est
trop généralement admis pour que j'y insiste. Il
faut rappeler toutefois que les conditions d'exercice de plus d'une profession diffèrent de ce
qu'elles sont en Europe. Le commerçant a jour-
nellement des opérations de change plus compliquées par suite de la multiplicité des monnaies,
de la fluctuation des changes ; rarement il se
borne à un seul genre de commerce, il est au
contraire obligé, comme importateur et expor-
tateur, à s'occuper de produits tout à fait différents. L'agriculteur trouve devant lui des terrains et des plantes qu'il n'a pas pratiqués ; il
doit tenir compte des indications traditionnelles
qu'avec de la patience et de bons traitements, il
obtiendra des habitants, les combiner avec les
renseignements recueillis dans les recherches
précédentes, centralisés dans les bureaux d'agriculture (1), observer, expérimenter, contrôler,
grâce à une éducation agronomique sérieuse, et

(1) En Indo-Chine, la direction de l'agriculture, le service géologique, le service forestier et autres services con-
nexes ont été institués à partir de 1897 ; de nouveaux per-
fectionnements y ont été apportés en 1902 et 1903.

réaliser à son tour des améliorations ; combien
doit-il encore avoir plus de prudence et de
science, s'il veut introduire des cultures nouvelles ! S'il s'agit de forêts, l'œuvre est plus difficile encore, parce que les régions boisées, souvent malsaines, d'accès périlleux, ont à peine
été explorées scientifiquement, parce qu'en Corée, en Annam ou en Chine, jamais l'habitant
n'a eu l'idée d'une exploitation forestière régu-
lière. Le médecin doit traiter des maladies inconnues en Europe, dépendant d'un climat tro-
pical dans certaines régions et, dans d'autres,
tantôt torride tantôt glacé. C'est encore le climat
qui impose à l'architecte, pour assurer la durée
des matériaux, pour combiner des aménagements
de nature à faire obstacle aux extrêmes de la
température, des soins différents de ceux qu'il
prend en France ; sans doute il n'a pas à copier
l'architecture indigène défectueuse de bien des
côtés, mais il doit s'en inspirer toujours, parce
qu'elle réunit le trésor des expériences faites.
L'ingénieur qui établit un pont, une route, une
voie ferrée; doit tenir compte de la pourriture
et des insectes plus redoutables sous les tropiques qu'en Europe, de la violence des phénomènes météorologiques et des inondations qui
bouleversent chaque année quelque partie du
pays entre la Mantchourie et l'Indo-Chine. Il faut
donc que le technicien étudie les principes de
son art qui sont les mêmes partout, qu'il soit en
outre préparé à des applications différentes que
parfois il devra imaginer lui-même.

Mais ce n'est pas tout. L'Européen qui va s'établir dans un pays neuf, doit s'attendre à ne pas vivre toujours au milieu d'une société organisée à l'occidentale, où tous les métiers, tous les arts, toutes les professions ont des représentants prêts à fournir l'aide requise. Sans doute ces commodités sont réunies à Saïgon ou Yokohama, Hong-kong ou Chang-haï; mais ce n'est pas à vivre dans ces centres que doit viser l'homme que pousse le désir du succès, trop nombreux déjà sont ceux qui y mènent la même existence terne et réglée, la même vie de bureau qu'en Europe. Ce qu'il faut pour assurer le progrès et l'extension des relations, ce sont des hommes décidés à aller dans l'intérieur au milieu des habitants, pour y chercher des affaires, pour y jouer pleinement le rôle auquel leur profession les convie. Celui qui organise ainsi sa carrière en Extrême-Orient sera souvent seul au milieu des indigènes; pionnier, missionnaire des idées occidentales, il doit se suffire à lui-même et tirer de sa situation tout le parti possible. S'il voyage, il lui faut relever sa route, observer les cultures, la configuration du sol, la nature des terrains; s'il séjourne dans une ville, il doit s'enquérir des produits naturels, des industries locales, de la condition de la terre, des routes les plus fréquentées, de la nature et du sens des échanges : ces documents seront précieux à lui-même, à ses successeurs, à ses compatriotes, géographes, commerçants, industriels. S'il se fixe quelque part, aux recherches précédentes qu'il aura le temps d'approfondir, il joindra d'autres préoccupations : acquéreur d'une maison indigène, il lui faut l'approprier de manière hygiénique et confortable, l'hygiène, le confortable qui en est proche, étant de première nécessité en climat étranger; il lui faudra peut-être faire construire par des maçons indigènes une maison, des magasins, des ateliers, créer un tronçon de route, l'entretenir contre la dégradation des eaux, réparer des machines, des véhicules, étudier les rapides d'un fleuve, le régime de ses eaux; peut-être pourra-t-il ainsi étendre à un bief supérieur réputé inaccessible la navigation des bateaux à vapeur. Telle est déjà l'œuvre de plus d'un négociant européen en Chine, de plus d'un colon français en Indo-Chine (1). L'Européen doit enfin pour lui-même, pour ses serviteurs, pour son escorte, prévenir les maladies, les combattre; si quelque paysan, attiré par son nom, vient demander secours, aura-t-il le courage de le repousser? Il lui donnera des avis, souvent le soulagera; de la sorte il se conciliera peu à peu les indigènes.

C'est dire que le Français en Indo-Chine, en Chine, en Corée, doit avoir des notions précises d'hygiène et des connaissances élémentaires de médecine, des principes de construction pour les bâtiments, les routes, les machines, de miné-

____

(1) Un Anglais, M. A. J. Little, commerçant à Tchhongkhing, a, au prix de longs efforts, fait franchir au *Pioneer* les rapides du Yang-tseu (1898).

ralogie, de botanique et de culture, de lever des plans ; je voudrais trouver en lui un homme universel ou qui, du moins, fût à la hauteur de toutes les circonstances. Cet ensemble étendu de connaissances est moins difficile à acquérir qu'on ne le croirait à première vue ; ce que je souhaite, ce ne sont que des éléments solides ; la nécessité venue, les principes reviennent à l'esprit, la bonne volonté les applique et la pratique donne ce qui manque. J'ai vu tracer, planter et cultiver des jardins, construire des orgues, bâtir des maisons et des églises par des hommes qui n'étaient point des spécialistes ; après quelques tâtonnements, ils réussissaient : les études techniques élémentaires que je recommande, épargneraient une partie des tâtonnements.

L'homme ainsi muni de connaissances techniques générales et de celles qui sont spéciales à sa profession, connaissant la langue du pays et les mœurs des habitants, persuadé qu'il trouvera en ceux-ci des hommes et qu'il sera, en somme, traité par eux selon qu'il les aura traités, décidé à ouvrir les yeux et à toujours agir et toujours pour le mieux, celui-là peut partir pour les pays neufs : il réussira pour lui-même et pour sa patrie, puisque son succès sera une partie du succès national, puisque l'estime où il sera tenu rejaillira sur ses compatriotes ; il travaillera efficacement à rapprocher les civilisations d'Orient et d'Occident, à faire coopérer l'Asiatique et l'Européen. Tel est l'homme qu'il faudrait former.

ÉDUCATION ASIATIQUE DE L'EUROPÉEN

I

On connaît le système imaginé par lord Macaulay et employé en Angleterre depuis 1854 pour recruter les agents supérieurs de l'administration de l'Inde, les privilégiés du *civil service*. Un premier examen, par sa nature, s'adresse aux jeunes gens qui ont fait des études sérieuses d'université, qui apparemment forment déjà une élite parmi ceux de leur âge et que l'on cherche à attirer par l'appât des gros traitements, des privilèges honorifiques, des pensions de retraite élevées. Pour cet examen, il n'existe à proprement parler pas de programme ; rien de technique, rien d'administratif, rien d'indien ; il faut que la porte soit ouverte à tous les hommes jeunes et capables, quand même dans tout leur passé ils n'auraient pas pensé deux minutes à l'Inde ; ils sont jeunes, ils se formeront. Chaque candidat choisit comme il l'entend quelques matières d'examen, aussi diverses, aussi éloignées même des questions administratives et des questions indiennes qu'il le peut désirer ; il a le droit de se faire interroger sur la philologie latine ou grecque, sur les mathématiques supérieures : sur le sujet choisi et limité à son gré, il est poussé à fond. On veut voir ce dont il est capable quand il creuse un sujet ; on tâche de pénétrer, plus que ce qu'il sait actuellement, ce que peuvent son intelligence, sa volonté, deux des instruments qu'il emploiera à chaque heure quand il sera au service. Pour permettre et assurer encore davantage contre les surprises et les combinaisons de notes l'appréciation de la valeur personnelle, une très large liberté est laissée, recommandée aux examinateurs qui sont d'ordinaire d'anciens fonctionnaires de l'Inde, rompus à la pratique des affaires, épris de la grandeur de ce pays. Ces mêmes commissaires ont la mission permanente de préparer les programmes et les concours, de suivre et de connaître les candidats. Ceux-ci, après avoir satisfait au premier examen, sont seulement *probationers*, on pourrait traduire admissibles ; l'examen d'admission ne se passe qu'un an après. Pendant le stage intermédiaire, le candidat reste en rapports constants, personnels et par écrit, avec les commissaires qui l'ont déjà vu et qui prononceront l'admission ; il leur doit compte de ses travaux, de sa conduite, de sa santé même, car il a besoin, pour les fonctions

à la fois délicates et lourdes qui lui seront con-
fiées, d'être libre de toute tare qui serait de nature à diminuer sa force, sa respectabilité, sa
moralité. Il a le droit d'étudier où et comme il
lui plaît, mais ses études sont dès lors toutes
spéciales : on lui a désigné dès l'origine la présidence où il devra servir, et il consacre la majeure partie de son temps à apprendre la langue
principale de cette région, ainsi qu'une langue
secondaire ou une langue savante. Pendant longtemps, les candidats stagiaires ont eu à fournir
aux commissaires des rapports sur la marche et
les incidents de procès auxquels ils avaient assisté par leur choix personnel. « C'était, dit
« M. Boutmy, une épreuve intellectuelle sous la
« forme d'une épreuve juridique; aucune com-
« position d'école ne prouvera autant que ce
« travail fait en liberté. » Ces comptes rendus
judiciaires, de même que les deux examens intermédiaires, ont été supprimés en 1890, la commission restant libre de régler à son gré les
épreuves des stagiaires.

Une période d'épreuve et d'observation, où
liberté entière est laissée au jeune homme pour
l'organisation de son travail et de sa vie sous
la surveillance infatigable d'examinateurs infor-
més de tout, sous la menace de la radiation
pour tout écart : telle est l'année de *probation*.
Ainsi on arrive à l'examen final, comprenant
des matières obligatoires, code pénal et de pro-
cédure criminelle de l'Inde, langue courante de
la province désignée au candidat, histoire de

l'Inde britannique, et des matières facultatives, langues et droit, relatives à l'Inde : seule l'économie politique, matière d'option, n'est pas une spécialité hindoue. L'équitation, non pas au manège, mais sur le terrain, est une épreuve éliminatoire. A ceux qui ont ainsi montré d'abord leur capacité intellectuelle, leur valeur morale, leur résistance physique, puis leur appropriation aux diverses exigences du service dans une région déterminée, à ceux-là est délivré le certificat qui les qualifie pour le *civil service*. Ils ont alors un délai fixé pour se mettre à la disposition des autorités de leur présidence; mais ils ne sont pas immédiatement envoyés dans un petit poste pour s'y atteler à la fastidieuse routine administrative et y passer leur inexpérience sur les indigènes de leur territoire. Tout en recevant un traitement, ils sont placés pour une période complémentaire d'études dans un poste important, près d'un chef de service, qui les forme par le spectacle de son action et leur fait connaître le jeu d'ensemble de la machine, avant que le détail de quelques rouages leur soit confié: comprenant leur rôle, ils sont moins susceptibles de s'enlizer dans l'indifférence.

Par ces divers moyens coordonnés, l'Inde a été dotée d'un corps de hauts fonctionnaires civils qui s'est montré supérieur peut-être à tout autre corps administratif et qui a su résoudre le vaste et complexe problème du gouvernement d'un monde aussi multiple qu'étendu. Les administrateurs, les juges les plus élevés, juges des hautes cours et juges dits de session, appartiennent en majorité à ce *covenanted service*; ils connaissent à fond les indigènes qu'ils ont comme justiciables, administrés ou subordonnés; à toute la direction des affaires, ils impriment la marque de la valeur morale, de la compétence qui leur sont propres. Auprès et au-dessous de cette élite, sont placés comme subordonnés dans l'administration générale et dans la justice, comme chefs et comme subalternes dans les services spéciaux, postes, télégraphes, chemins de fer, hydrographie, topographie, mines, forêts, des agents de diverses races, Européens, Eurasiens, Asiatiques, les uns formés dans les écoles spéciales de l'Inde ou de la mère-patrie, les autres choisis dans l'armée ou hors de l'administration, engagés définitivement ou pris en service détaché. Tous sont formés ou choisis pour une compétence spéciale et limitée, employés en raison de cette compétence (1).

Les mêmes principes pénètrent les autres départements de l'administration, mais sont appliqués de manière différente suivant les cas. Pour les diverses branches du *home civil service*, un examen commun passé en une fois, la direction administrative ne présentant pas de diversités importantes dans les divers services métropoli-

---

(1) Voir par exemple le recrutement des ingénieurs, nommés sur concours en Angleterre, puis soumis à une instruction spéciale au Royal Engineering College, à Cooper's Hill. Les études pour les agents des forêts sont naturellement encore plus spécialisées.

tains ; parmi ces services est rangé le *Colonial Office*. Dès qu'il y a spécialité tranchée, paraît aussi la spécialisation du recrutement. Ainsi il existe un concours des *Eastern Cadets*, candidats fonctionnaires pour Hong-kong, Singapour, Ceylan : l'examen a pour but de prouver l'instruction générale, il porte sur les matières que ne saurait ignorer un homme bien élevé, latin, une langue vivante, composition anglaise ; de plus une composition sur une question administrative et des interrogations facultatives. Un examen médical sérieux et une enquête des commissaires établissent la capacité physique et morale. Admis, le jeune homme est stagiaire ; mais à la différence de l'*Indian service*, il doit alors se présenter au gouverneur de la colonie pour laquelle il est désigné, et, sur l'ordre de celui-ci, il se rend dans une ville indigène pour se familiariser avec la langue et les mœurs des habitants. A la fin de ce stage d'une durée variable et après un examen devant des juges compétents, le cadet est définitivement admis pour prendre place à la première vacance (1). Les in-

(1) Toutefois à partir de 1895 et de 1896, les examens pour le service civil en Angleterre, pour le service civil de l'Inde et pour le grade de *Eastern cadet* ont été réunis ; les candidats admis choisissent leur carrière d'après leur rang de classement. Mais l'âge requis des candidats varie suivant le service où ils veulent entrer (22 à 24, 21 à 23, 21 à 24), les *probationers* pour l'Inde font un an d'études en Angleterre avant l'examen final. La séparation des trois examens est donc en somme maintenue.

terprètes pour le service consulaire et diplomatique en Extrême-Orient sont soumis à des épreuves analogues ; envoyés dans le pays après un examen comprenant anglais, français, allemand, latin, arithmétique, géométrie, géographie, etc., ils résident à la légation d'Angleterre, à Péking, à Tôkyô ou à Bang-kok, pour étudier la langue, et sont soumis à des examens successifs ; au bout de deux ans, ils subissent un examen final qui détermine en même temps leur ordre de classement. Le même système a été adopté par Sir Robert Hart, mandarin chinois, pour le recrutement du personnel des douanes chinoises : presque tous les agents qui viennent d'Europe sont désignés (*nominated*) par Sir Robert Hart, passent un examen très général à Londres, étudient en Chine et sont confirmés dans leurs fonctions après avoir satisfait à un examen technique sérieux (1). De tous côtés, la connaissance du pays, mœurs et idiomes, est tenue pour indispensable et l'on ne voit pas dans ces services de jeunes fonctionnaires, trouvant ingrate l'étude de la langue, rebutant le commerce des indigènes, se faire de cette infériorité un marchepied pour arriver immédiatement à un grade supérieur, où ils seront censés n'avoir plus besoin de ces capacités techniques et où ils se feront aider par

______

(1) H. Cordier, *Les Douanes impériales maritimes chinoises*. 1 plaquette petit in-8, 1902 (Extrait du *Bulletin du Comité de l'Asie française*). Voir aussi divers mémorandums du service des Douanes (1899, etc.).

quelque interprète plus consciencieux et moins favorisé.

Dans les divers services que je viens d'indiquer, moins importants, moins largement organisés que celui des Indes, le premier recrutement est entouré de moindres garanties; le simple stage en pays indigène, souvent sans direction efficace, ne vaut pas le double stage de *probationer*, puis d'*ineffective officer*. Aussi quelles que soient les qualités professionnelles des interprètes anglais de Chine par exemple, il ne semble pas que comme capacité scientifique ou comme valeur générale, ils soient à la hauteur de leurs compatriotes de l'Inde: il y en a eu pourtant de fort remarquables, par exemple E. C. Baber, pour ne citer qu'un mort. Quant au service des douanes, il doit son importance avant tout à l'homme qui l'a créé, dirigé et maintenu de sa main de fer (1)

Les Pays-Bas, dont les colonies sont remarquables à tant d'égards, nous montrent sous deux formes successives l'application de plus en plus stricte d'une conception analogue. Depuis 1864 un concours était ouvert tous les ans pour un nombre de places fixé d'après les besoins. Toutefois le nombre des admissions étant de beaucoup supérieur à celui des nominations, l'on voyait des candidats reçus ne pas

(1) L'Amirauté a organisé pour les officiers l'étude du japonais au moyen de cours à Wei-hai-wei et de séjours d'étude au Japon.

obtenir de poste dans l'année et devoir se présenter à trois ou quatre concours successifs. Le
grand examen était présidé et dirigé par d'anciens fonctionnaires des Indes, par des professeurs connus, par des hommes d'une notoriété
établie, dont la décision se faisait respecter et
du gouvernement et des candidats et du public.
Etaient admis à s'y présenter tous ceux qui réu-
nissaient les qualités voulues de nationalité,
âge, moralité, titres tels que grades universitai-
res, certificats de sortie des grandes écoles navale, militaire, agricole, etc. Pour que le concours fût encore plus ouvert, on avait ajouté au
grand examen métropolitain un examen semblable, mais distinct, ayant lieu à Batavia, ouvert
aux Hollandais résidant en Insulinde et aux
indigènes. Il existe aussi à Batavia depuis 1867
une école coloniale officielle qui prépare à l'examen. Il ne s'agit d'ailleurs ici que des places
d'administrateurs et seulement pour les Indes,
c'est-à-dire pour une région une par le climat,
les races et dans une certaine mesure par la
civilisation. Aussi les épreuves écrites ou orales
portaient principalement sur l'histoire, les institutions, les langues, l'ethnographie, la géographie et les produits de l'Insulinde. Ce grand
examen est, on le voit, comparable à l'examen
final des stagiaires anglais ; il ne pouvait à lui
seul, et malgré les titres préalables exigés des
candidats, remplacer l'épreuve prolongée à
laquelle sont soumis les *probationers* pour le
travail personnel et la valeur morale. La desti-

nation donnée aux fonctionnaires qui débutent, n'est pas non plus de nature à porter remède à une préparation générale un peu bornée ; mis à la disposition du gouverneur général qui les nomme, les jeunes gens sont immédiatement envoyés dans un petit poste pour commencer leur carrière active: beaucoup ne voient jamais que le détail, seul un petit nombre sait s'élever plus haut. Tels sont les principaux griefs que l'on a contre les fonctionnaires de l'Insulinde: M. Chailley-Bert enregistre ces reproches, mais ne marchande pas d'autre part ses éloges à ceux qui en sont l'objet.

Pendant une dizaine d'années, l'école de Delft, fondée en 1864, a été en possession de fournir des candidats au concours métropolitain ; école municipale autonome, sans attache gouvernementale, elle a profité de la libre concurrence pour asseoir ce privilège de fait, qu'elle a maintenu par la supériorité pratique de son enseignement ; l'école, d'abord officielle, puis municipale, de Leyde a disparu en 1891. Mais aujourd'hui, malgré ces brillants résultats, l'école de Delft n'est plus : malgré un subside de l'Etat accordé depuis 1894, elle ne couvrait pas ses frais et coûtait trop à la municipalité qui, depuis 1900, a renoncé à l'entreprise. Les Pays-Bas, ont à loisir pendant une dizaine d'années cherché une autre solution et ont modifié en même temps les bases du recrutement pour les fonctionnaires coloniaux.

Depuis 1894, les fonctions judiciaires sont

ouvertes aux seuls docteurs en droit qui ont passé, devant les Facultés de droit et des lettres de Leyde, un examen portant sur les matières suivantes : javanais, malais, ethnographie, géographie, institutions musulmanes. La durée des cours est de deux ans.

L'accès aux fonctions d'administrateur a été réglé par résolution de la Reine en date du 10 août 1903. Tous ceux qui réunissent les conditions voulues de nationalité, moralité et constitution physique, qui de plus sont en possession de certificats des écoles moyennes, des gymnases, de la grande école agricole, ou de brevets d'officier de terre ou de mer, peuvent se présenter à l'examen spécial présidé et dirigé par d'anciens fonctionnaires des Indes, par des professeurs d'université, par des hommes de valeur reconnue. Ces examinateurs, au nombre de cinq, sont nommés chaque année par le gouvernement. Les épreuves écrites et orales portent sur les langues vivantes, hollandais français, allemand, anglais. Parmi ceux qu'a choisis la commission d'examen, le ministre en désigne vingt-cinq ou trente selon les besoins du service ; l'examen écarte ceux dont les connaissances sont insuffisantes, le ministre doit choisir sans doute d'après d'autres qualités, physiques et morales, en vue de la carrière coloniale. Les élus sont nommés « candidats » pour le service colonial ; ils ont à subir deux ans après un examen final à l'Université de Leyde ; les épreuves orales et écrites ont pour objet le javanais, le malais, l'ethnographie, l'histoire, les institutions de l'Insulinde ; elles sont éliminatoires, le « candidat » reconnu insuffisant étant déchu de son titre. Un « candidat » peut être aussi révoqué pour mauvaise conduite. Les études sont libres, le séjour de Leyde n'est pas obligatoire. L'école de Batavia est maintenue intacte.

Ces deux examens, l'un très général, l'autre très spécial, séparés par deux ans d'études approfondies, rappellent le système anglais plus que le système de 1864 : large base du recrutement préliminaire, spécialisation subséquente. Le choix du ministre parmi les jeunes gens reçus au premier examen est, sous cette forme, un trait spécial ; mais les examinateurs anglais ont en fait des pouvoirs équivalents.

L'enseignement des matières orientales ne s'adresse pas seulement aux futurs administrateurs et juges : il existe des cours appropriés à l'Académie militaire de Bréda, à l'Institut de marine du Helder.

Non moins que la Grande-Bretagne et les Pays-Bas, la Russie a des sujets allogènes. En Sibérie, les tribus sont primitives et clairsemées ; l'expansion russe, pour de multiples raisons, y a les caractères de la colonisation ; les indigènes nomades se trouvent donc refoulés par des groupes russes organisés, situation toute différente de celle de l'Asie méridionale ou orientale. Le contact s'établit par des interprètes, qui jusqu'ici sont surtout des indigènes, sans préparation autre que la connaissance de la langue russe ; mais on a reconnu les mauvais résultats de ce système que l'on s'efforce de changer. Au Turkestan et au Caucase, en face de peuples mieux organisés, plus nombreux, en partie d'humeur guerrière, les Russes ont maintenu jusqu'aujourd'hui le gouvernement militaire ; les officiers, qui se rendent au Turkestan, sont admis aux cours de l'Institut des langues orientales du Ministère des Affaires étrangères et peuvent y apprendre, m'écrit-on, « l'arabe, le persan, le tartare et le turc », se spécialisant ainsi pour leur service. Si le peu de renseignements que j'ai pu obtenir ne néglige pas quelques faits importants, je ne trouve dans ces divers procédés aucun système d'ensemble : ce sont des expédients, fort à leur place pendant une période donnée.

Quant aux interprètes pour la Chine, jusqu'en 1863, ils étudiaient à la Mission ecclésiastique de Péking, qui dépendait du Ministère des Affaires étrangères ; depuis que cette Mission a passé dans le ressort du Saint-Synode, c'est à l'Université de Saint-Pétersbourg que sont formés les interprètes ; après avoir consacré quatre ans à l'étude du chinois, du mongol et du mantchou, ils doivent, pour entrer dans l'interprétariat, être recommandés par l'un des professeurs et subir l'examen d'État ; ils sont alors envoyés à Péking, en qualité de jeunes de langue. Toutefois, cette organisation vient d'être complétée par la fondation, en mai 1899, de

l'Institut oriental de Vladivostok, « ayant pour
« but de préparer des sujets pour les établisse-
« ments administratifs, commerciaux et indus-
« triels de la Russie d'Extrême-Orient et des
« États adjacents ». Les études durent quatre ans
et sont réparties en quatre sections : la plupart
des cours sont communs (1) ; d'autres sont spéciaux à chaque section et portent respectivement
sur la langue, la constitution politique, l'état
commercial et industriel du Japon, de la Corée,
de la Mongolie, de la Mantchourie. On a prévu
pour la première année l'admission de soixante
élèves, choisis par le directeur de l'Institut, sans
examen et sur le vu de leurs diplômes et certificats d'études. La liste des établissements dont
les diplômes et attestations qualifient pour l'admission, quelques-uns assurant un droit de
préférence à leurs titulaires, est dressée dans une
annexe au règlement ; l'Institut est ainsi ouvert
aux jeunes gens qui ont fait des études supérieures, secondaires, « réales » avec classes complé-

(1) Instruction religieuse ; langue chinoise ; langue
anglaise ; langue française (facultative) ; géographie, constitution, religions de la Chine, de la Corée, du Japon ;
organisation politique, commerciale, industrielle de la
Chine ; histoire moderne (xixe siècle) de la Chine, de la
Corée, du Japon, ainsi que des relations de la Russie avec
ces États ; géographie commerciale et histoire du commerce de l'Extrême-Orient ; économie politique ; droit
international ; aperçu de la constitution politique de la
Russie et des principaux États d'Europe ; éléments de droit
civil et commercial ; comptabilité ; étude des marchandises.

mentaires, d'arpentage et de géodésie, commerciales, industrielles, techniques, etc. A leur sortie et suivant leurs notes, les étudiants obtiennent un rang plus ou moins élevé dans le *tchin* et peuvent être admis dans l'administration : l'un des conseils rattachés à l'Institut a pour mission de chercher à leur procurer des situations. Outre les étudiants, des officiers et des étudiants volontaires présentant des garanties peuvent être autorisés à suivre quelques cours ou tous les cours d'une section.

L'Institut oriental n'a encore pu donner de résultats ; mais on doit dès à présent en remarquer et la large ouverture et l'esprit pratique. Tout étudiant qui a convenablement gagné ses diplômes, y peut être admis, quelle que soit la nature des études faites ; entré à l'Institut, il consacre toutes ses forces à l'étude de l'Asie orientale, de tous les aspects de cette partie du monde ; à part l'anglais, le français, l'économie politique et deux ou trois autres objets de cours, présentant d'ailleurs une utilité pratique, locale même, incontestable, tout, y compris les cours généraux, est spécial à l'Extrême-Orient, bien plus à une contrée limitée de cette région ; chaque été, aux vacances, les étudiants peuvent, sous les auspices de l'Institut, être envoyés dans le pays dont ils apprennent la langue. On reconnaît là ce sens de la réalité dont les Russes font si souvent preuve dans leurs rapports avec les Asiatiques ; ils peuvent espérer beaucoup d'hommes formés de la sorte. Il y a, d'ailleurs, dans

l'organisation adoptée plus d'un détail particulier aux habitudes et aux lois russes, qui ne
saurait donc être imité (1).

A Berlin, le Séminaire des langues orientales (2) fondé en 1887 délivre, après examen, des
diplômes aux étudiants qui ont suivi les cours
du Séminaire pendant quatre semestres ou qui
ont étudié dans les autres Universités allemandes ; mais ces diplômes ne permettent pas l'accès
direct aux fonctions d'interprète pour les langues
musulmanes, les langues africaines ou les langues
de l'Asie orientale. Le candidat à un poste de ce
genre, mis au fait par ses études au Séminaire
de la législation et des coutumes du pays auquel
il se destine, est de plus astreint à passer au
moins le premier examen de droit et à faire un
stage pratique dans le service de la justice.
Cette exigence s'explique dans le service consulaire allemand, le consul étant, comme chez
nous, juge de ses nationaux en pays d'exterritorialité, tandis que l'Angleterre a des juges et des
consuls distincts ; cependant j'ai entendu plus
d'une fois les interprètes allemands de Chine et
du Japon se plaindre de l'importance excessive
accordée aux études juridiques au détriment des
connaissances linguistiques. Je dois dire que

(1) Je tire ces indications du règlement officiel de l'Institut.

(2) *Bericht ueber die Eroeffnung des Seminars*, etc., par
le Prof. Dr Ed. Sachau. 1 plaq. grand in-8. Berlin, 1888.
Voir aussi les programmes officiels.

beaucoup des interprètes que j'ai rencontrés, étaient de bons sinologues. Le jugement de M. von Brandt, longtemps ministre d'Allemagne en Chine, est intéressant à noter. « Un vraiment « bon interprète ne doit pas seulement être aussi « maître que possible de la langue orale et « écrite ; il doit aussi être familiarisé avec la pensée « et avec le sentiment des Chinois, avec leurs « œuvres classiques, avec les multiples questions « qui peuvent venir sur le tapis, de manière à « servir de conseiller à son chef ; il doit surtout « savoir où trouver la réponse à toute question « qui peut lui être posée. Mais le nombre de ces « questions peut être légion, et le succès de « beaucoup des négociations, sinon de la plu- « part, dépendra d'une citation tirée des classi- « ques ou des divers livres de droit et qu'on aura « pu apporter au moment voulu... Je ne puis « donc assez exprimer mon regret en voyant que « chez nous on semble encore vouloir considérer « et traiter l'interprète comme un employé « inférieur en le maintenant par un engagement « décennal dans l'interprétariat, au lieu de lui « donner la possibilité, voire la certitude d'ar- « river aux postes consulaires, dans le pays dont « il a appris la langue à force de travail » (1).

Notre École des langues orientales de Paris, dont le fonctionnement a été étudié par les fondateurs de celle de Berlin, a de même des cours

(1) 33 *Jahre in Ost-Asien*, par M. von Brandt. 3 vol. in-8. Leipzig, 1901 (vol. III, pp. 302, 303).

relatifs à la géographie, à l'histoire, aux coutumes, et des cours de langues (langues musulmanes, langues hindoues, langues de l'Extrême-Orient, langues de l'Afrique, etc.). Un bon nombre de ses élèves suivent en même temps les cours de droit, mais les diplômes juridiques n'étant pas requis pour entrer dans l'interprétariat, quelques interprètes et drogmans se sont contentés du diplôme de l'Ecole des langues ou ont préféré les études de la Faculté des lettres, les travaux historiques, économiques, juridiques de l'Ecole des sciences politiques. De même que les élèves organisent comme ils l'entendent l'emploi de leur temps, de même les professeurs font des cours sans programme rigide imposé du dehors, appropriés chaque année par eux aux besoins des étudiants. Cette grande liberté laissée à chacun montre la largeur de vue des organisateurs de 1869 à 1873, qui ont compris qu'il n'était pas possible de couler dans un même moule les études d'arabe, de tamoul, de chinois, de russe. Parmi les diplômés en nombre illimité, les ministres choisissent leurs agents habituellement sur la recommandation des professeurs ou de l'administrateur. Jusqu'ici le nombre des diplômés voulant prendre leur diplôme comme base de leur carrière, s'est trouvé à peu près correspondant, parfois supérieur, parfois inférieur à celui des places à remplir dans les divers services publics : d'ailleurs, si certains diplômes, d'arabe ou de chinois par exemple, acheminent vers une fonction déterminée, beaucoup d'autres sont un simple titre qui ne confère aucun droit. Cette organisation si peu systématique a jusqu'ici fort bien fonctionné (1).

Les études juridiques pures qui tiennent encore une place modeste dans la formation des drogmans et interprètes français et allemands, passent au contraire au premier rang pour le service colonial allemand. Aux candidats pour les emplois supérieurs, on demande une santé robuste, la connaissance de l'anglais et du français, et non seulement un diplôme juridique, mais un grade dans l'administration judiciaire ou civile ; il leur est imposé, avant le départ, un stage de durée variable dans la division coloniale. De même, les emplois inférieurs sont accordés à des employés métropolitains de grade équivalent. C'est donc dans le corps des fonctionnaires d'Europe que sont choisis par les autorités les fonctionnaires coloniaux : de tous, on exige un engagement de service aux colonies pour une durée de deux ou trois ans ; pour les employés subalternes, le retour dans l'administration métropolitaine est expressément prévu. Le gouvernement n'a pas cherché à créer un corps d'agents coloniaux, il prend dans les bureaux métropolitains les agents qui le désirent

(1) Parmi les titulaires des diplômes délivrés depuis cinq ans, on en rencontre dans l'interprétariat et le drogmanat, parmi les agents coloniaux (Indo-Chine, Afrique occidentale, Madagascar), parmi ceux des Affaires étrangères (Siam, Japon, etc.), en Algérie, en Tunisie, dans l'Inde, aux Écoles du Caire et de Hanoi.

et qui, par leurs études et leurs services administratifs, offrent le plus de garanties ; c'est seulement, semble-t-il, pour les officiers et pour les
employés subalternes, qu'il est question d'un ou
deux semestres d'études au Séminaire des langues orientales ; pour l'administration supérieure, la connaissance théorique et pratique du
droit européen est jugée suffisante.

En Espagne, un décret royal d'octobre 1890
(art. 15) a réglé les conditions d'entrée dans la
carrière coloniale : il faut avoir suivi des cours
de droit, d'économie politique, de colonisation,
mais aucun examen n'est imposé.

Pour l'État du Congo, aucune disposition ne
limite le choix des fonctionnaires, qui est laissé
à l'appréciation du Souverain, du secrétaire
d'État et du gouverneur général. Un régime
différent est toutefois essayé depuis l'automne
de 1903 ; un ensemble de cours durant deux
mois a été institué à Bruxelles et doit être suivi
par tous les fonctionnaires et officiers (chacun
suivant sa spécialité) qui désirent contracter un
engagement ; les candidats doivent subir un
examen à l'issue des cours ; les étrangers sont
admis comme les Belges Les cours seront multipliés et étendus dans la suite : on tend ainsi à
organiser une préparation rationnelle des agents
de l'État indépendant (1). La Belgique n'a pas
d'organisation systématique pour la formation

(1) Un cours de langue commerciale congolaise est
professé à l'Institut commercial d'Anvers.

de ses interprètes consulaires ; elle les choisit d'après les circonstances, elle prend par exemple comme drogman le fils d'un consul, un homme ayant longtemps vécu, ayant été élevé sur place. Toutefois en raison du développement des intérêts belges à l'étranger, un projet d'organisation général est à l'étude. Il existe actuellement des cours de russe aux Universités de Liège et de Gand, à l'Université libre de Bruxelles, des cours de persan et d'arabe à l'Université de Liège, des cours de chinois à l'Université catholique de Louvain, aux Universités de Liège (depuis 1899) et de Gand (octobre 1898).

En France pour l'organisation de nos possessions d'Asie il faudrait rappeler d'abord les inspecteurs des affaires indigènes en Cochinchine (à partir de 1863), puis le Collège des Stagiaires, à Saigon (à partir de 1873). D'après le décret du 10 février 1873, les administrateurs stagiaires étaient nommés par le gouverneur de la Cochinchine et étaient choisis sans examen préalable parmi cinq catégories très disparates, comprenant, côte à côte et sans distinction, les simples « bacheliers ès lettres et bacheliers ès sciences, civils et militaires, non officiers » et les officiers sortant des Ecoles polytechnique ou navale, les licenciés en droit, les ingénieurs brevetés de l'Ecole centrale, aussi bien que les officiers des différents corps de la marine et certains employés de l'administration centrale. On s'adressait à trop de gens, trop inégaux, sans poser un principe de choix, les nominations résultaient donc d'un pouvoir discrétionnaire. Quant au Collège même, l'organisation en est digne de réflexion : cours de langue annamite, parlée, écrite en caractères latins, caractères chinois, administration annamite, construction pratique, botanique considérée des points de vue agricole et industriel, langue et écriture cambodgiennes y compris des leçons sur la géographie, l'histoire, l'organisation du pays. Des cours portant sur ces diverses matières sont faits aujourd'hui à l'Ecole coloniale. Un principe bien intéressant, surtout appliqué à des hommes qui étaient déjà fonctionnaires, c'est celui d'examens, très sérieux à en croire les programmes, imposés pour passer d'une classe à une autre. L'étroite appropriation au pays, telle était la loi du Collège. A côté de cette idée si pratique, on est surpris de trouver dès 1873, dans les exposés des motifs, l'idée décevante, toujours tentante pour les esprits français, de rapprocher peu à peu, d'unifier les institutions cochinchinoises et françaises. Le Collège des Stagiaires a formé nombre de fonctionnaires de grande valeur, bien instruits du pays et des indigènes ; adapté par les amiraux des institutions propres à l'Inde anglaise, il a péri non pas faute de résultats, mais quand on en a oublié le plan primitif, quand on a assimilé les agents spéciaux et privilégiés qui en sortaient, à d'autres fonctionnaires d'origine et de préparation très différentes (décret de mai 1881).

En 1886, apparaît dans les programmes de l'Ecole des sciences politiques une section coloniale. La plupart des cours portés au programme ont trait à la législation, à l'administration, à l'économie politique; quelques-uns (systèmes coloniaux, législation coloniale française, géographie coloniale) concernent la colonisation en général. Une tendance à la spécialisation n'apparaît qu'avec les cours suivants : droit et administration annamites (deux années), histoire des rapports des Etats occidentaux avec l'Extrême-Orient (un trimestre et demi), annamite, chinois ou arabe (ces cours étaient à suivre à l'Ecole des langues orientales); encore les trois derniers sont-ils facultatifs et disparaissent-ils dès 1888. En 1891 et 1892, apparaissent des cours de droit musulman et d'arabe parlé (cours fait à l'Ecole des sciences politiques); mais l'étude des rapports entre l'Europe et l'Extrême-Orient est effacée du programme en 1894. La section coloniale est d'ailleurs supprimée la même année, l'Ecole des sciences politiques ne voulant pas faire concurrence à l'Ecole coloniale; mais la plupart des cours subsistent et sont suivis par les étudiants des autres sections ; un diplôme spécial est délivré et donne accès dans les administrations coloniales de la métropole, de l'Algérie, de l'Indo-Chine, etc. Les études demeurent donc orientées dans le sens colonial ; mais elles ne sont pas destinées à former des hommes capables, sans autre préparation, d'entrer en contact avec les pays et les indigènes d'outremer, les études spéciales à chaque région, aujourd'hui encore plus qu'au début, occupant trop peu de place.

Notre École coloniale, fondée en 1889 et modifiée par des décrets ultérieurs, a été instituée sous l'empire de diverses idées, en partie pour fournir des administrateurs à nos colonies; peut-être n'avait-on pas assez saisi dès l'abord ce que le mot de colonies, pour la France plus que pour la Belgique ou l'Allemagne, recouvre de diversités et d'oppositions. L'École coloniale a été établie sur le modèle de nos plus grandes écoles spéciales, dont le mérite n'est pas contesté; mais aux élèves de celles-ci, on demande tout autre chose, on ne leur demande presque rien de ce qu'on est en droit de réclamer d'un administrateur colonial. Les jeunes Français, présentant les qualités requises pour la santé, la moralité, l'instruction (diplôme de bachelier, certificat d'études ou d'admissibilité dans certaines écoles) doivent avoir de dix-huit à vingt-deux ans pour se présenter à l'examen d'entrée de l'École coloniale, qui a lieu à Paris seulement; pendant les études, qui durent deux ans, ils sont divisés en sections, à la fin de leur cours d'études, ils subissent un nouvel examen. Tels sont les principes restés fixes depuis le début jusqu'aujourd'hui, toutes les autres règles relatives au recrutement des administrateurs ayant évolué pendant ces quelques années. Ce système d'examens, d'études dirigées heure par heure, permet-il d'apprécier et d'accroître la valeur personnelle de l'étudiant? Savoir à un jour donné l'essentiel des matières inscrites sur un programme, présenter des compositions écrites faites en un temps donné qui ne peut être qu'assez bref, répondre à une série d'interrogations de dix minutes, peut prouver des connaissances acquises, un talent de rédaction et d'exposition qui ont leur prix. Mais des fonctionnaires coloniaux, destinés à vivre isolés, à se trouver en face de questions nouvelles, imprévues, qu'ils auront à résoudre eux-mêmes, appelés à agir sur des chefs et des peuples indigènes, à persuader et à dominer, ont besoin d'autre chose : autant et plus que des connaissances acquises, il faut la capacité d'en acquérir, la curiosité, la netteté de l'observation, la rapidité, le bon sens de la décision, la fermeté avec l'à-propos dans l'exécution; il faut à toute heure être prêt à tout faire, être à la hauteur de toute circonstance. De pareilles qualités ne se révèlent pas dans un examen formel, ne se développent pas dans le cours d'études régulier et bien divisé d'une école où tout est plié sous l'uniforme discipline. De plus, vers vingt ans, un peu au-dessous, un peu au dessus, beaucoup de jeunes hommes chez nous n'ont pas affirmé encore leur personnalité, ils subissent les influences de leur entourage, sont sujets à des caprices vifs et peu réfléchis ; beaucoup de candidats se présenteront sans raison profonde, ne sachant que faire, dépourvus de cet enthousiasme solide nécessaire aux apôtres que doivent être des administrateurs coloniaux ; chez d'autres, telles qualités sérieuses qui eussent pu se développer un peu plus tard, n'ont pas encore ap-

paru, ne peuvent être devinées par des examinateurs que pressent le temps et les programmes.
La limite d'âge trop basse (1) écarte les hommes
chez qui le développement est moins précoce,
qui auront découvert leur vocation coloniale au
milieu d'autres études entreprises et qui vraisemblablement auraient montré à leur heure une
valeur personnelle sérieuse. L'examen à Paris,
les études concentrées à Paris sont une condition
défavorable pour tous les jeunes hommes qui
dans les grands centres industriels, commerciaux, maritimes, peuvent puiser le sentiment,
l'amour de l'expansion extérieure de la France
et que la distance, les frais élevés rebutent,
que la vie transplantée à Paris peut dévoyer.
Les examinateurs, liés dans leurs appréciations par la formule rigide des programmes,
par la précision illusoire des coefficients et des
notes, ne peuvent que difficilement s'élever à
l'indépendance et exclure ou admettre pour une
simple question de valeur de caractère, de cote
personnelle. Celui qui a été admis à l'Ecole,
n'est pas encore fonctionnaire ; on peut lui refuser le brevet, il n'en manque pas d'exemples.
Peut-on aussi éliminer par dissuasion, ou diriger un candidat vers une section qu'il n'a pas
choisie et qui lui conviendrait mieux ? Cela
est souhaitable : le respect des droits acquis, la

____

(1) Abaissée de 25 ans à 22, puis relevée à 23, la limite
d'âge peut en pratique dépasser 26 ans par le jeu de la
loi militaire.

surveillance jalouse des élèves sur l'égalité inflexible, inintelligente du concours toléreraient-ils ces corrections apportées au hasard ?

Sans doute, en imposant aux candidats la connaissance des matières des deux premières années de droit et aux élèves l'obligation de poursuivre leurs études juridiques parallèlement à celles de l'École coloniale, on a pensé à la fois à préparer des agents coloniaux qui soient des juristes, et à s'assurer que ces futurs fonctionnaires ont cette haute culture générale qui s'acquiert de plus d'une façon, mais sans laquelle il n'est pas d'homme supérieur, de chef sachant agir et commander en homme responsable. Je ne disconviens pas de l'utilité, pour un fonctionnaire colonial, de certaines connaissances juridiques ; encore faut-il distinguer, et je tâcherai de le faire tout à l'heure. Mais je ne crois pas que l'étude du droit soit indispensable et qu'il la faille exiger, alors que le titre de licencié ès-lettres ou ès-sciences donne une simple majoration des points obtenus au concours. Le droit a-t-il plus de valeur éducative que la chimie ou que l'archéologie ? Portées à une certaine hauteur, toutes les disciplines scientifiques se valent pour l'affermissement d'un esprit et si, pour former des hommes d'action, il y avait à établir entre elles une gradation, il faudrait donner la préférence à celles qui mettent le mieux en contact avec la réalité humaine. Les études qui mènent à la licence en droit atteignent-elles cette hauteur ? font-elles sentir les faits humains sous les formules abstraites ? Il est permis d'en douter. Parmi les licenciés, les meilleurs, ceux qui ont fréquenté les cours et conférences, auront pris à la Faculté l'habitude d'un certain travail, d'une certaine tournure d'esprit; seront-ils capables d'appliquer leurs connaissances dans une carrière quelconque sans un apprentissage accessoire ? Et dans des colonies peuplées, civilisées, cet apprentissage ne consistera-t-il pas en grande partie à mettre de côté les formules apprises, bonnes peut-être en France, pour se soumettre à l'observation de faits sociaux radicalement différents ? Encore les licenciés de cette sorte seront-ils l'exception parmi les élèves de l'École coloniale, dont le temps doit être en majeure partie consacré à d'autres études ; pour ceux qui se rencontrent tels, des recherches librement faites, dans le champ de la littérature, de l'histoire, de la philosophie, de la médecine par exemple, auraient une valeur au moins aussi grande.

L'étude du droit pour les élèves de l'École coloniale n'a pas pour but de préparer des magistrats. La magistrature coloniale n'est pas encore spécialisée par régions : ce n'est pas, d'ailleurs, que de bons esprits ne se soient préoccupés de cette grave question. En 1901, on songea à distribuer en grands cadres régionaux où ils seraient appelés à faire leur carrière, les magistrats appelés à rendre la justice dans les contrées si différentes qui forment notre domaine d'outre-mer. A l'entrée de cette nouvelle magistrature, aurait été exigé un certificat constatant la connaissance de matières communes (législation et économie coloniales) et de matières spéciales variables d'après le cadre auquel le candidat se destinerait ; ces matières spéciales seraient : arabe et droit musulman, malgache et lois malgaches, annamite et institutions annamites. A Paris, les cours auraient été suivis les uns à la Faculté de droit, d'autres à la Faculté des lettres, d'autres enfin à l'Ecole des langues orientales ; seuls, les cours d'institutions annamites et d'institutions malgaches étaient à établir. Lyon et Bordeaux seraient aussi devenus des centres de cette nouvelle formation juridique. Le certificat devait être créé en vertu de la loi de finances. Pour l'instant, on a renoncé à la réforme de la magistrature coloniale ; mais l'idée d'approprier l'organe à la fonction, le magistrat aux justiciables, est trop juste pour qu'on l'ait abandonnée ; le certificat sera créé dans un avenir très rapproché : le plus tôt sera le mieux (1).

Aujourd'hui nos magistrats coloniaux passent une grande partie de leur vie sur mer, voyageant de l'Inde à la Nouvelle-Calédonie, de la Nouvelle-Calédonie à l'Indo-Chine, de l'Indo-Chine à Madagascar et de Madagascar à l'Inde, ainsi que le constate par exemple un décret du

____

(1) Je dois ces renseignements à l'obligeance de M. Leseur, professeur à la Faculté de droit de Paris, qui m'a autorisé à les publier.

23 mai 1902. Que ces magistrats aient besoin d'une préparation juridique approfondie, il n'y a pas à en douter ; mais je doute qu'une préparation identique ou analogue soit utile aux résidents. Le magistrat français doit appliquer la loi civile ou criminelle à des Européens ; parfois, en Cochinchine par exemple, et cette situation n'a rien d'avantageux, il doit prononcer entre indigènes ; mais le résident perçoit les impôts, administre ; s'il prononce un arrêt, ce n'est pas tant en qualité de juge et dans les formes savantes du droit occidental que comme représentant unique des pouvoirs non séparés du gouvernement. Il a surtout à s'occuper des indigènes : chez ceux-ci les habitudes d'esprit, les sentiments diffèrent des nôtres, la vie économique et familiale est plus simple et plus stricte ; nos distinctions juridiques tombent à faux chez eux ; bon nombre de nos principes paraissent capricieux ou injustes : l'un ne vaut pas mieux que l'autre. Nous devons à nos sujets et protégés la justice : la justice ne consiste pas à appliquer les mêmes lois, mais des lois appropriées. L'étude du droit, surtout des parties du droit les plus rigides, les plus faites, a pour objet des textes d'où l'on déduit des conséquences et que l'on entoure parfois d'une vénération superstitieuse ; elle conduit certains esprits à la conception d'un droit naturel abstrait, obligatoire pour tout homme ; trop séparée de l'étude de la coutume, du droit vivant et en évolution, elle prend parfois des allures théologiques et pose

en principe ou conclut que la civilisation européenne a une valeur absolue, ne trouve en face
d'elle sur le globe que la barbarie. Cette conception n'est pas essentielle au droit, elle est
fréquente et rien plus qu'elle n'est opposé à
l'esprit colonial.

Je ne voudrais pas que l'on se méprît sur ma
pensée ; je ne parle ici que d'une déviation de
l'esprit juridique ; et je reconnais que les études
juridiques et économiques sont capables, sous
des maîtres aux vues larges et élevées comme il
n'en manque pas aujourd'hui, de préparer les
jeunes gens à résoudre des problèmes qui sous
une forme ou une autre se présentent dans toutes
les civilisations, dont la solution dépend autant
de la perspicacité du juriste que de l'observation
impartiale, soumise à son objet. Une autre
science qui repose sur l'observation des faits
humains et dont la discipline essentielle peut
contre-balancer l'abus de la méthode déduc-
tive, c'est l'histoire qu'il me semble difficile
de concevoir comme séparée du droit et de
l'économie sociale. Dégager les faits des documents, les interpréter et les remettre dans leur
milieu de temps et d'espace, en tirer les conséquences et la leçon, c'est une gymnastique excellente pour qui devra être en contact avec des
Asiatiques, les comprendre et agir sur eux. Le
programme de l'École coloniale, avec raison, indique un souci sérieux des études historiques,
spécialement de celles qui touchent aux colonies
(histoire de la colonisation, étude comparée des

systèmes de colonisation). Ce qui importe, ce n'est d'ailleurs pas la connaissance des détails et des dates, mais le développement de l'esprit d'observation et d'interprétation, d'analyse et de synthèse ; et il ne faut pas se dissimuler que, regardée sous cet angle, l'histoire est une des études les plus ardues qui soient, qu'elle dépasse la portée de la plupart des esprits de vingt ans : celui qui aura dès lors pleinement profité de ces études et acquis le sens historique, celui-là a des parties d'un homme d'Etat. Aussi bien, ne réussît-on que pour un petit nombre, cette discipline serait encore recommandable.

Ce serait, je crois, aller trop loin que de tenir et le droit dans sa forme européenne, et l'histoire de l'expansion européenne, pour indispensables à la formation de l'administrateur colonial. Il ne faut pas oublier qu'il s'agit avant tout de dresser un jugement sain, d'affermir un caractère ; des travaux, des recherches mettant en jeu toute l'activité personnelle, fussent-ils de tout autre genre et plus susceptibles d'emploi immédiat, relevassent-ils des sciences mathématiques appliquées ou médicales par exemple, auraient exactement la même valeur. Je voudrais donc que le stage de formation coloniale fût aussi largement ouvert aux jeunes polytechniciens ou normaliens, aux jeunes officiers de terre et de mer, médecins, licenciés ès lettres, élèves des écoles supérieures industrielles, commerciales, agricoles, qu'il l'est aux apprentis juristes. Et je voudrais surtout que toutes ces études, y com-

pris celles d'histoire et de droit européens, pris-
sent le rang de préliminaires et laissassent dans
la préparation coloniale proprement dite toute
la place à l'essentiel. Or rien ne serait plus facile,
si l'on élevait les limites d'âge inférieure et supérieure, comme je montrais plus haut qu'il est
souhaitable.

Après le droit et l'histoire, en effet, avec tous
les cours qu'ils comportent, après les langues
européennes, l'instruction militaire, la comptabilité administrative, dont je ne conteste pas
l'utilité en lieu et place, que reste-t-il pour les
cours techniques, essentiels ? Combien d'heures
sont consacrées aux langues annamite, cambod-
gienne, chinoise, aux institutions, à l'histoire, à
l'ethnographie, à la géographie, à l'étude des
produits de l'Indo-Chine ? la part de ces études
est-elle prépondérante comme elle doit l'être ?
La question se posera de même, que l'on parle
de Madagascar ou de l'Afrique française. Le
point vital pour un administrateur, pour un
juge en pays de possession, c'est de bien entendre et parler la langue indigène, de connaître
les mœurs et les lois, d'être en contact direct
avec la population : c'est ce qu'ont compris les
Anglais et les Hollandais pour leurs Indes. C'est
ce qu'en France on a été plus lent à saisir ; on
a, en effet, réuni sous le même nom d'École
coloniale des sections aussi disparates que celles
des carrières indo-chinoises et des carrières africaines d'une part et, de l'autre, du commissariat colonial, de l'administration pénitentiaire,

de l'administration centrale des colonies. Ces trois dernières n'ont pas contact avec la réalité de nos possessions, mais avec la forme administrative qui leur est imposée du dehors ; leurs études ont pour objet nos créations métropolitaines, c'est-à-dire l'idéologie officielle qui est de tradition en Europe et qui diffère radicalement de celle de l'Asie orientale ou de l'Islam : leur poids ne peut qu'alourdir les deux autres, les tirer vers l'abstraction, leur faire perdre le sens de la vie indigène. Bien plus, le règlement de 1889 permettait aux élèves brevetés de choisir leur carrière, commissariat ou Indo-Chine, suivant leur numéro de sortie, sans tenir compte des matières spéciales : un excellent étudiant d'annamite pouvait par suite du classement général se trouver relégué en Océanie. C'est du moins ce qui paraît résulter des textes et ce qui est cru généralement : on m'affirme toutefois qu'il en était autrement. Quoi qu'il en soit, le décret du 21 juillet 1898 dit nettement qu'après l'examen d'admission les candidats choisissent leur section d'après leur rang de classement. Sans doute qui désire la vie active d'un administrateur à Madagascar ou en Indo-Chine, peut avoir un goût médiocre pour la besogne du commissariat ou de l'administration pénitentiaire ; celui qui se trouve dans ce cas, peut du moins donner sa démission sans avoir à regretter deux années perdues.

Il y a donc progrès vers la spécialisation, vers l'appropriation des futurs agents aux régions et

aux peuples divers de nos possessions ; on devra
aller encore plus loin dans cette voie, mais on a
déjà assez fait à l'École coloniale pour que nous
puissions avoir confiance que l'on fera davantage encore.

Il ne faut d'ailleurs pas oublier que l'Ecole
coloniale n'est plus la seule voie d'accès aux
fonctions dans les colonies. Le décret du 6 avril
1900 a décidé (art. 3) que les administrateurs
stagiaires seront recrutés par moitié par deux
voies : sans concours, parmi les élèves brevetés
de l'Ecole ; — par un concours dont le programme est arrêté par le ministre, parmi les
candidats munis de divers diplômes, brevets ou
certificats (licenciés en droit, ès lettres, ès sciences, docteurs en médecine, élèves de l'Ecole des
chartes, Ecole des langues orientales, Ecoles
supérieures de commerce, Institut national agronomique, Ecole des sciences politiques, Ecole
polytechnique, Ecole de Saint-Cyr, Ecole navale,
Ecole des mines, Ecole des ponts et chaussées,
Ecole coloniale, Ecole centrale, etc.), et parmi
les employés ayant cinq ans de service dans les
secrétariats généraux des colonies. Par promotion les administrateurs stagiaires deviennent
successivement administrateurs adjoints puis
administrateurs ; mais la moitié des vacances
dans les emplois d'un grade peut toujours être
attribuée au personnel des affaires indigènes, au
personnel des secrétariats généraux des colonies,
aux officiers de terre et de mer ayant servi dans
les colonies, aux fonctionnaires de l'administra-

tion centrale des colonies (art. 4 à 10). De la sorte, le privilège de l'Ecole coloniale est entamé, sa part des postes d'administrateur est réduite outre mesure ; on peut se demander si des avantages assez sérieux sont offerts pour attirer les sujets de valeur. Le système actuel de recrutement des administrateurs satisfait aux objections formulées plus haut et fait place aux jeunes hommes qui ont marqué leur valeur dans les études et dans les carrières les plus diverses ; il s'adresse aux Français de France et des colonies, même semble-t-il aux indigènes sujets français, puisqu'ils peuvent entrer dans le personnel des affaires indigènes. Le recrutement est devenu aussi large, aussi peu systématique que possible : bonne condition pour garder contact avec les faits, mais situation de lourde responsabilité pour ceux à qui incombent les choix. On a, par ces diverses voies, obtenu d'excellents administrateurs.

Quelques objections toutefois peuvent être faites. Je voudrais le corps des administrateurs encore plus ouvert aux officiers y entrant sans perdre leur place dans l'armée ; je voudrais que l'on attirât les hommes d'action, explorateurs ou autres, qui ont donné la preuve de leurs qualités coloniales. L'article 10 prévoit des admissions à titre exceptionnel, mais les restreint strictement ; peut-être a-t-on bien fait de poser à l'avance une borne à l'abus de la faveur injustifiée. Toutefois, et seulement à titre d'exemple, l'armée, le corps consulaire, les explorateurs, ont fourni d'excellents agents au *civil service* de l'Inde. Une objection plus grave, c'est que les candidats admis au concours ont prouvé leurs connaissances scientifiques, et rien de plus ; mais la plupart, médecins ou polytechniciens, employés du Ministère des Colonies, ou licenciés en droit, ou autres, n'ont pas de préparation spéciale pour une colonie (1) et n'en reçoivent aucune ; le stage d'un an, peut-être pas davantage, suffira-t-il à la leur donner ? Tout dépend de la nature de ce stage. On trouverait peut-être profit dans une combinaison telle que d'abord concours comme il est ouvert aux licenciés, docteurs, etc., puis études spéciales près de l'Ecole coloniale, étendue, augmentée ; ce serait revenir sous une forme élastique à ce que j'indiquais plus haut, élever la limite d'âge de l'Ecole coloniale.

En terminant cette section de mon étude, je dois indiquer la sanction pratique mise à la connaissance de la langue. Déjà, en 1886, les maîtres d'école français devaient, après deux ans de séjour, connaître l'annamite ; depuis quelque

---

(1) Ni pour le concours de l'administration centrale ni pour celui des administrateurs coloniaux, les programmes ne comportent de composition ou d'interrogation sur les langues, les coutumes, les religions, l'état social des indigènes : toujours on néglige ceux-ci pour ne voir que le Français, son rôle, son administration. Même si l'on ne veut songer qu'à l'exploitation, comment oublier à ce point la main-d'œuvre ? Voir les petites brochures *Carrières coloniales*, in-18. Paris, Charles-Lavauzelle.

temps (1896) un système de primes a été décrété pour les magistrats et fonctionnaires qui passeraient un examen d'annamite ; une décision du procureur général (septembre 1902) a organisé l'examen des langues locales pour les magistrats de l'Indo-Chine. Ces mesures, excellentes en elles-mêmes, valent par l'application. J'ai entendu dire que les examens d'annamite n'étaient pas sérieux il y a quelques années ; une statistique de 1902 indiquait comme parlant annamite deux cent un officiers et deux cent trente-quatre sous-officiers sur environ neuf mille ; j'ai personnellement rencontré des officiers qui avaient en Annam étudié le chinois littéraire avec fruit.

II

Si des fonctionnaires coloniaux nous passons aux commerçants ou industriels qui vont exploiter les pays d'outre-mer, nous trouvons la question posée de manière toute différente : à vrai dire, elle n'a été posée que récemment. L'Angleterre et la Hollande, les plus grandes puissances coloniales pendant les trois quarts du XIX⁰ siècle et chez lesquelles nous avons observé des systèmes si perspicaces et si bien liés pour le recrutement des fonctionnaires coloniaux, sont restées longtemps indifférentes à la formation des colons. C'est que, chez ces deux nations, il existe depuis les Compagnies des Indes une tradition ininterrompue ; le négociant, puis l'industriel, par leurs relations avec tel ou tel subrécargue ou capitaine, avec les membres des Compagnies, ont été accoutumés à l'idée du commerce exotique ; la poussée nationale vers ce genre d'affaires a été assez forte en Angleterre pour imposer la suppression du privilège de la Compagnie, en Hollande pour réduire au minimum le système d'exploitation par l'État pratiqué pendant la moitié du xixᵉ siècle. Aujourd'hui, comme le dit très justement un expert en ces matières, il n'est pas une famille dans certains milieux, dans certaines régions, dont quelque membre ne fasse des affaires dans les colonies d'Asie ou d'Afrique ; c'est un oncle, un frère aîné, un ami, dont l'enfant entend souvent parler au foyer, qu'il revoit de temps en temps rapportant des objets exotiques dans la maison paternelle, et qu'il trouve tout naturel un peu plus tard d'aller rejoindre au loin. L'éducation coloniale se fait dans la famille et par la famille : de là, son extension et aussi ses lacunes. En France les entreprises exotiques n'ont reparu qu'après 1830 pour l'Algérie, vers 1860 pour l'Asie orientale ; mais l'instabilité de notre politique coloniale, prolongée bien plus tard, a arrêté le développement des affaires ; la méfiance est encore fréquente dans toutes les classes, l'ignorance bien davantage ; les chefs d'entreprises commencent à trouver des capitaux, mais le personnel compétent fait défaut. Puisque nous n'avons pas les traditions, il y faut suppléer par l'éducation méthodique.

Lors de la réorganisation de l'Ecole des langues orientales en 1873, on avait ouvert les cours à des jeunes gens se destinant au commerce : quelques-uns vinrent, prirent leurs diplômes et demandèrent ensuite des situations officielles. En 1887 furent institués des élèves commerciaux (1) ; on parla de composer pour eux des manuels pratiques, d'une langue moins relevée que celle qui est en usage parmi les fonctionnaires des pays orientaux. Des élèves ont été inscrits ; mais ce n'étaient en réalité, sous une désignation spéciale, que des auditeurs libres ou des élèves réguliers qui ne se trouvaient pas dans les conditions ordinaires de ces deux catégories d'étudiants. En supprimant dans les rapports officiels (1901) la rubrique élèves

(1) Lettre du Ministre de l'Instruction publique au Ministre du Commerce, 11 août 1887.

« J'ai décidé qu'il serait organisé à la rentrée prochaine
« une section commerciale à l'Ecole des langues orientales
« vivantes. Pour y être admis, aucun grade ne sera requis ;
« pendant la première année, les élèves de cette section
« apprendront les éléments des langues pour lesquelles ils
« se feront inscrire, en commun avec les autres élèves de
« l'Ecole qui aspirent au brevet de l'Ecole des langues
« orientales. A partir de la seconde année, l'instruction
« qu'ils recevront sera spécialisée : lettres de commerce,
« contrats, sentences des tribunaux de commerce, poids et
« mesures, monnaies, produits agricoles, produits indus-
« triels des différents pays de l'Orient, seront la matière
« de leurs exercices. A la fin de leur cours d'études, un
« certificat distinct du brevet de l'Ecole des langues orien-
« tales vivantes pourra leur être délivré ».

commerciaux, on n'a que constaté un fait préexistant.

L'Ecole coloniale, à son tour, a organisé une section commerciale, ouverte sous les seules conditions de nationalité, moralité et âge (de dix-sept à trente ans). La durée des études n'est que d'un an ; les cours obligatoires sont d'abord la plupart des cours généraux, puis, l'un des cours de langue arabe, annamite ou malgache ; les autres cours non obligatoires peuvent être suivis par ceux qui le désirent. Un brevet spécial est délivré après examen de sortie. Là encore, je demanderai si les cours généraux ne prennent pas une place qui serait avec plus d'avantage laissée aux cours spéciaux de géographie, d'institutions indigènes, de langues ou autres ; et d'autant plus qu'une année scolaire est bien brève pour acquérir, de l'arabe ou du chinois par exemple, une connaissance pratique même limitée. Cette section a peu d'élèves ; ceux qui en sont sortis, me dit-on, se sont casés facilement, quelques-uns ont un bel avenir.

L'Union coloniale, parmi les branches multiples de sa fructueuse activité que je n'aurai pas l'impertinence de prétendre caractériser en quelques lignes, comprend depuis 1896 des cours scientifiques et pratiques relatifs aux colonies, condition économique et politique, histoire, cultures, question monétaire, etc. ; ces cours sont professés à la Sorbonne. Des cours du soir ont été faits pendant les années scolaires 1900-1901 et 1901-1902. La première année ces cours ont compris cinquante leçons d'anglais, cinquante leçons d'espagnol, douze leçons de droit commercial pratique, douze leçons de droit civil pratique, des « conseils aux futurs « employés des entreprises coloniales et notions « de géographie économique » (dix leçons). La seconde année, il y a eu des leçons d'anglais, des leçons sur l'utilité de la comptabilité et seize leçons de colonisation appliquée : dans ces dernières, des spécialistes ont parlé successivement de la Tunisie, de la Nouvelle-Calédonie, du Sénégal, de la Chine et de l'Indo-Chine, de l'hygiène, etc. Ces cours ont été réservés à des auditeurs inscrits payant une cotisation ; le nombre des auditeurs a été tel pour un local étroit que l'on a dû pratiquer une sélection ; un certain nombre des auditeurs ont été envoyés par l'Union des employés du commerce de commission et d'exportation (1). La Société pour l'étude des langues étrangères, fondée sous le patronage de la Chambre de commerce de Paris et reconnue d'utilité publique (septembre 1898) fait faire le soir, depuis plusieurs années, un cours de malgache ; en février 1902, elle y a joint un cours d'annamite et un cours de « langue soudanaise » : on peut

---

(1) Voir pour les programmes, la [*Quinzaine coloniale*, n[os] du 25 novembre 1900 et du 25 novembre 1901. — Voir aussi *Préparation aux carrières coloniales, conférences faites en 1901-1902, Union coloniale française*, 1 vol. in-12. Paris, 1904.

se demander ce qu'est la « langue soudanaise »
car, sans compter l'arabe, des langues très
diverses sont parlées dans la région.

Au mois de novembre 1899, la Chambre de
commerce de Lyon a fondé des cours du soir
portant sur l'histoire et la géographie coloniales,
les produits coloniaux, l'hygiène générale et
exotique ; grâce à l'appui du Gouvernement
général de l'Indo-Chine et de l'Université de
Lyon, des cours de langue chinoise parlée (langue
dite mandarine, c'est-à-dire langue le plus généralement parlée, on pourrait dire haut-chinois
hochchinesisch) et écrite, ainsi que de mœurs et
institutions d'Extrême-Orient, y ont été joints
dès le début de 1900 ; à la rentrée de 1901, un
cours d'arabe a été ouvert. Un musée de produits
coloniaux a été organisé, une bibliothèque,
d'autres institutions que j'indiquerai tout à
l'heure, complètent cet ensemble et facilitent
les études. La plupart des cours sont toujours
des cours du soir et s'adressent à des auditeurs,
ou inscrits ou libres, qui sont en majorité des
employés de commerce ; on compte parfois
parmi eux quelques étudiants de l'Université
ou des écoles spéciales de la ville. Des certificats
d'assiduité aux cours sont délivrés par la Chambre de commerce, qui distribue aussi chaque
année des bourses de voyage. Le nombre des
auditeurs inscrits et la régularité croissante pour
l'assistance aux leçons, sont très notables. Un
certificat spécial d'études chinoises a été institué
à l'Université (1902). Des élèves des cours

coloniaux se sont déjà casés hors de France, en Extrême-Orient et ailleurs ; pour l'Extrême-Orient, en particulier, il en a été demandé plus qu'on en a pu fournir.

La section coloniale de l'Ecole de commerce de Marseille s'est développée à côté de l'Institut colonial (serres, salles d'exposition, salles de cours, etc.), fondé grâce à la libéralité du Conseil municipal de la ville et dirigé par le Dr Heckel ; la Chambre de commerce s'est aussi intéressée à cette création. Un premier cours public fut inauguré en 1899 par M. Jumelle (produits coloniaux végétaux). En octobre 1900, la section coloniale fut établie à l'Ecole de commerce (deux années de cours ; quinze élèves par année, recrutés par voie de concours). Vingt-six ou vingt-sept heures par semaine, selon les années, sont consacrées aux matières dites communes (commerce, comptabilité, anglais, législation commerciale, etc.) ; il reste six ou sept heures pour les matières spéciales : produits coloniaux d'origine minérale, végétale, animale ; histoire du commerce et de la colonisation ; économie et législation coloniales ; hygiène, climatologie et épidémiologie coloniales. Les cours de produits coloniaux sont ouverts au public, ce qui est une excellente mesure. L'Ecole de commerce de Bordeaux a une section coloniale analogue depuis la rentrée de 1902 ; les matières spéciales (cultures coloniales, produits coloniaux, géographie coloniale et histoire de la colonisation, économie et législation colo-

niales, topographie et construction coloniales,
hygiène des colonies) n'ont par semaine que
six heures de cours contre vingt-huit heures
réservées aux matières communes. Il y a de
bonnes choses dans ces programmes ; mais les
habitants indigènes y sont passés sous silence,
dans la vie quotidienne il faut pourtant tenir
compte d'eux ; on tend trop, semble-t-il, à
préparer le colonial en soi, sans l'approprier à
telle colonie.

La section coloniale de l'Ecole de commerce
de Bordeaux a été ouverte, grâce à l'initiative de
l'Institut colonial de cette ville, fondé en
1901 et soutenu principalement par la Municipalité et par la Chambre de commerce. L'activité
de cet Institut a encore eu pour résultats la
création d'un diplôme de médecin colonial
(arrêté de juillet 1901), la fondation d'un service
des cultures coloniales, d'un service des renseignements, d'un musée colonial dont j'aurai
l'occasion de dire encore quelques mots.

Dans le domaine des études coloniales spéciales
on s'est activement occupé depuis quelques
années de l'agriculture, de la médecine, de
l'étude des produits.

L'Ecole coloniale d'agriculture de Tunis, avec
ses annexes, jardin d'essais fondé en 1892,
laboratoires, etc., enseigne avec détails tout ce
qui touche aux cultures de l'Afrique du nord et
donne des notions plus générales sur l'exploitation, sur quelques cultures tropicales et sur
diverses sciences annexes. Il y existe un cours

d'arabe parlé. Les admissions résultent d'un concours. Les Écoles pratiques d'agriculture et de viticulture de Rouïba, fondée en 1882, et de Philippeville, fondée en avril 1900, ne semblent pas aux études techniques joindre celle de la langue arabe ; au contraire, l'École supérieure de commerce d'Alger, instituée en avril 1901, a compris l'importance de cette langue pour les affaires en pays musulman et lui a fait place dans ses programmes. A Bordeaux, le service des cultures coloniales, organisé en novembre 1901, possède des collections de plantes alimentaires, médicinales, industrielles, outre des herbiers et une bibliothèque. Il faut indiquer encore la part faite à l'agriculture coloniale dans l'enseignement agronomique supérieur, organisé à Nancy en 1901 (1) ; la section agronomique et coloniale a été complétée grâce à une subvention du Gouvernement général de l'Indo-Chine : elle comprend depuis la rentrée de 1902 l'étude des forêts coloniales et un enseignement colonial général (agronomie et productions, législation et économie, géographie et histoire, hygiène et conférences diverses). Un jardin colonial (École supérieure d'agriculture coloniale, instituée par décret de mars 1902) a été ouvert à la rentrée de 1902 à Nogent-sur-Marne. Il faut rappeler à ce propos le remarquable rapport, présenté en septembre 1898 au Ministre des Colonies par M. Milhe-

---

(1) *Quinzaine coloniale*, n° du 10 août 1901.

Poutingon, chargé d'une mission aux jardins de Kew, ainsi que la généreuse initiative prise à la même époque par M. Durand-Gasselin, à Nantes, et qui a fait l'objet d'un vœu de la Chambre de commerce de cette ville. A Lyon, les riches collections botaniques du parc de la Tête-d'Or et de la Faculté des sciences, prêtent libéralement leurs échantillons au professeur de cultures coloniales de la Chambre de commerce ; ainsi, malgré la difficulté inhérente aux cours du soir, les élèves ne sont point privés de l'enseignement par la vue.

Je ne dois pas manquer de signaler dans un sens analogue le Parangon, école pratique d'enseignement colonial, à Joinville-le-Pont ; cette institution privée, fondée par le Dr Rousseau, en 1899, donne une instruction théorique et pratique pour l'élevage et le soin des bestiaux, la culture, le travail du bois et du fer, la préparation du cuir. « J'ai limité, écrit le « directeur, le rôle colonial de mon établisse- « ment à la formation du colon travailleur, « exploitant par lui-même ou se mettant au « service d'exploitations. Le plan d'études, pré- « cisé par ce rôle, se limite aux besoins urgents « nécessaires, communs à toutes les colonies, « comme aux besoins spéciaux qui intéressent « particulièrement quelques-unes d'entre elles. « Bien instruit sur toutes les connaissances pro- « pres à sa carrière, l'élève colon trouvera à la « ferme, à l'atelier, au jardin potager, les instru- « ments propres à sa formation pratique »,

Cette préparation directe à la vie quotidienne s'adresse à de jeunes garçons et serait très heureusement suivie par une ou deux années consacrées à étudier les idiomes, les mœurs du pays auquel l'élève colon se destine.

L'Université de Bordeaux, par un arrêté de juillet 1901, a été autorisée à instituer un diplôme de médecin colonial : elle a organisé pour la pathologie exotique des cours cliniques et théoriques avec des travaux de laboratoire ; le diplôme n'est accessible qu'aux docteurs en médecine. L'Ecole de médecine de Marseille possède aussi un cours de pathologie exotique ; on a annoncé en décembre 1903 que la ville s'est entendue avec l'Etat pour fonder dans ce port l'Ecole d'application du corps de santé de l'armée coloniale, à laquelle sera annexé un hôpital spécial. La création à Paris d'un Institut de médecine coloniale a été décidée en principe dès 1901 ; une souscription a été ouverte. L'Indo-Chine a versé une subvention annuelle importante. On se proposait d'ouvrir d'abord, dans les locaux de la Faculté de médecine, des cours spéciaux formant une scolarité distincte : « L'Institut de médecine coloniale « sera fermé aux étudiants, à moins que ceux-ci « n'interrompent le cours régulier de leurs « études ; il ne doit accepter en principe que « des docteurs en médecine, pour lesquels ce « sera une sorte d'école d'application... A côté « de l'enseignement médical, proprement dit, il « est nécessaire d'organiser un enseignement

« moins élevé... à l'usage des missionnaires, des
« agents de plantations et de factoreries », et
aussi des ingénieurs, conducteurs de travaux,
etc. (1). Les cours ont commencé le 15 octobre 1902, la durée de chaque série est de deux
mois et demi. Un certificat d'études est délivré après examen aux étudiants qui le désirent. L'enseignement théorique et de laboratoire
est donné à la Faculté de médecine, l'enseignement clinique à l'hôpital des Dames Françaises,
à Auteuil. Cours : I, technique bactériologique
et hématologique ; II. parasitologie ; III, chirur-
gie des tropiques ; IV, ophthalmologie sous les
tropiques ; V, pathologie et hygiène tropicales ;
VI, affections de la peau.

Au Muséum, des cours de colonisation (1900-
1901 Madagascar, 1901-1902 Tunisie) ont été
professés par M. Blanchard, sous les auspices de
l'Union coloniale ; ils ont été continués depuis
lors ; des conférences pour la préparation des
missions scientifiques sont faites depuis plusieurs années. M. Perrier, directeur du Muséum, établissait récemment un parallèle entre
cet enseignement et celui du jardin de Kew.

L'Office colonial, créé par décret de 1899, comprend non seulement un service de renseignements, mais une exposition permanente et une

---

(1) Voir : *Création à Paris d'un Institut de médecine
coloniale*, Paris, in-8, 1901 : cette brochure renferme les
détails les plus précis sur les établissements analogues
de Londres, Liverpool, Hambourg, etc.

bibliothèque ouverte au public ; suivant les occasions on y joint des expositions spéciales pour faire connaître les résultats d'une mission ou pour résumer l'état d'un ordre de recherches, géographie coloniale par exemple. Le Musée colonial de la Chambre de commerce de Lyon, inauguré en mai 1901, renferme des collections importantes de produits provenant d'Algérie, de Tunisie, de l'Afrique, de Madagascar, des Antilles, de l'Indo-Chine ; des séries sont consacrées à quelques colonies anglaises, à l'Australie, à la Chine et permettent des comparaisons fructueuses ; on a autant que possible joint aux produits naturels des colonies des spécimens d'objets manufacturés européens demandés dans ces régions. Le musée sérique de la Chambre de commerce, à la Condition des soies, fournit des matériaux qui ne se trouveraient dans aucune autre ville pour l'étude de la soie : étude de première importance et à Lyon et dans un empire colonial constitué comme le nôtre. Une section coloniale déjà importante a été annexée à la bibliothèque de la Chambre de commerce ; elle s'accroît sans cesse et, à côté d'ouvrages chinois, renferme les publications les plus importantes et les plus récentes, les principaux périodiques en français, anglais, allemand, etc. Une société soutenue par la Chambre de commerce a entrepris pour l'Extrême-Orient, de grouper les renseignements relatifs aux produits commerciaux, aux emplois et aux études préparatoires. J'ai déjà signalé le musée et le service

des renseignements de l'Institut colonial de
Bordeaux ; le musée divisé en sections régio-
nales comprend des cartes, des photographies et
des échantillons ; le service de renseignements
qui y est adjoint, met à la disposition du public
une soixantaine de périodiques, répond aux de-
mandes de renseignements, annonce aussi les
adjudications coloniales (1). Marseille, avant
Lyon et Bordeaux, a eu dès 1893 un musée colonial fondé par le docteur Heckel à l'imitation
de celui de Harlem ; le programme était le suivant : mettre sous les yeux du public des échantillons des produits coloniaux, entreprendre des
recherches sur l'utilisation des produits mal
connus, fournir des renseignements aux industriels, servir d'intermédiaire entre nos diverses
colonies ; le musée a été l'origine de l'enseignement colonial mentionné plus haut.

L'étude spéciale de nos possessions est enfin
entreprise sur place par les services techniques
officiels ou par des sociétés privées, je n'en men-
tionne que trois. L'Ecole française d'Extrême-
Orient fondée par M. Doumer à Saigon, trans-
portée depuis lors à Hanoi et placée dès le début
sous le patronage de l'Académie des inscriptions
et belles-lettres, étudie l'histoire, la linguistique,

(1) *Institut colonial de Bordeaux. Rapports présentés au
Conseil d'administration, 20 décembre 1902.* 1 plaq. grand
in-8, Bordeaux, 1903. — *De la création à Bordeaux d'un
musée commercial et colonial,* par A. Mengeot, 1 plaq.
grand in-8, Bordeaux, 1900.

l'archéologie, l'ethnographie de l'Indo-Chine et des régions voisines ; son bulletin trimestriel, ses diverses publications lui ont immédiatement assuré un rang scientifique élevé. L'étude des mines, du climat, de la flore et de la faune vient au début de 1904 d'être confiée à une commission permanente nommée par l'Académie des sciences : cette création du gouverneur général actuel complète heureusement le plan d'études méthodiques entrevu par Paul Bert. En 1903 il s'est fondé à Hanoi une société ayant pour but de favoriser les rapports entre les sociétaires et les indigènes, de rechercher les moyens de développer le commerce, l'industrie et la colonisation, etc.

Ces fondations, récentes pour la plupart et que je n'ai pu énumérer toutes, montrent que de tous côtés on a enfin compris cette vérité : il faut dans les colonies, dans la métropole pour s'occuper des colonies, des hommes rompus aux questions coloniales. Le même mouvement se dessine à l'étranger : il a débuté hors de France, puisque les premiers musées coloniaux sont ceux de Harlem (1865) et de Leyde. Mais je ne saurais entrer ici dans les détails et je me bornerai, pour l'étranger à signaler quelques institutions d'enseignement (1).

(1) On trouvera quelques renseignements sur les musées coloniaux dans : *De la création à Bordeaux d'un musée commercial et colonial*, par A. Mengeot, 1 plaq. grand in-8, Bordeaux, 1900. — *A propos de musées coloniaux,* par

Amsterdam a une école municipale de commerce où l'on forme des commerçants et industriels pour les colonies et où l'on enseigne les langues commerciales orientales, spécialement le malais et le turc : on y a jadis enseigné le chinois, mais il n'y a jamais eu beaucoup d'élèves et l'on a suspendu le cours ; il existe aussi des cours orientaux aux Académies d'Utrecht et de Groningue, à l'Ecole agricole de Wageningen.

L'Université catholique de Louvain a établi il y a quelques années une Ecole des sciences commerciales et consulaires ayant en vue de « préparer les chefs et les auxiliaires dirigeants « des maisons et des sociétés de commerce, « préparer les chefs et le haut personnel. des « maisons et des sociétés industrielles, préparer « les jeunes gens qui aspirent à la carrière con- « sulaire. » Les cours sont nombreux et rapprochent des matières qui sont étudiées chez nous à l'Ecole des sciences politiques et dans les Ecoles supérieures de commerce ; l'étude des langues européennes y tient une large place, le chinois y est professé (trois ans de cours). Divers diplômes sont délivrés (licencié du degré supérieur en sciences commerciales, licencié du degré supérieur en sciences commerciales et consulaires, docteur en sciences commerciales), ils ont été reconnus par l'Etat (arrêtés du 13

E. de Wildeman (*Annales coloniales*, Paris, 15 décembre 1903, p. 394).

janvier 1897, du 15 mai 1900) et l'on peut déjà citer seize diplômés qui sont pourvus de fonctions consulaires. La donation Solvay (1901) a permis à l'Université de Bruxelles de s'entendre avec l'Ecole centrale technique, avec l'Institut supérieur de commerce d'Anvers, avec d'autres établissements, pour organiser un ensemble d'études analogues à celles de l'Ecole commerciale et consulaire de Louvain. Un grade est conféré aux élèves qui ont suivi des cours d'économie politique, d'histoire et de géographie économiques, de colonisation, de politique coloniale, etc.; le droit est représenté par la législation ouvrière, l'une des branches les plus vivantes de la science juridique. Malgré l'inscription au programme de quelques matières coloniales, il ne s'agit pas ici en somme de préparer des colons : « Ce que la licence nouvelle « veut réaliser c'est la formation d'industriels, « de banquiers, de commerçants ayant la culture « supérieure de leur branche ». (1) L'importance des langues pour les commerçants et industriels est largement reconnue comme on l'a vu (2); on trouve des cours de chinois, outre Louvain, Liège et Gand, à l'Institut supérieur de commerce d'Anvers, à l'Institut commercial des industriels du Hainaut (cours obligatoire), aux

(1) *L'Ecole des sciences sociales et l'Institut de sociologie* (extrait de la *Revue de l'Université de Bruxelles,* juin 1901).

(2) Voir aussi p. 59 la liste de quelques cours de langues orientales et autres.

Ecoles spéciales du génie civil et des arts
et manufactures annexées à l'Université de Gand.
La Belgique déploie une grande et fructueuse
activité pour former ses commerçants et ses industriels, et par les mêmes études ses futurs
consuls.

Les études coloniales sont en Allemagne
représentées à Berlin, Breslau, Leipzig, Iéna,
Cologne. La Haute Ecole commerciale, fondée à
Leipzig pour le semestre d'été 1898, offre un
intérêt particulier ; grâce à ses relations avec
l'Université, cette Ecole est en mesure de donner
à la fois aux élèves, laissés libres de dresser leur
plan d'études suivant leurs besoins, la culture
commerciale supérieure, la formation pédagogi-
que en vue de l'enseignement commercial, aussi
bien que l'instruction technique pratique pour
les colonies et pour l'étranger ; c'est ainsi que
l'on trouve des cours de langues, y compris
espagnol, russe, chinois, d'ethnographie de
géographie coloniale, de politique coloniale, de
cultures tropicales, etc. Les diplômes de cette
Ecole sont fort appréciés (2) et le nombre des
étudiants, tant allemands qu'étrangers, a dépassé
trois cent cinquante au semestre d'hiver 1901-
1902 (3).

(1) L'*Ecole des sciences sociales et l Institut de sociologie*
(extrait de la *Revue de l'Université de Bruxelles*, juin 1901).

(2) La durée des études est de quatre semestres. Voir
Vierter Jahresbericht der Handelshochschule zu Leipzig..,
par le Prof. H. Raydt, 1 plaq. in-8. Leipzig, 1902.

(3) A Witzenhausen, sur la Werra, a été inaugurée, en

A Londres, à la fin de 1900, la China Association formée de personnes intéressées dans les affaires de Chine, a fondé une école de chinois avec un professeur anglais et un maître chinois ; ce cours sera à l'automne prochain (1904) réuni à celui de King's College Le cours de chinois établi depuis lors au collège Owens de Manchester (septembre 1901) n'a rien de spécialement commercial ; le professeur, comme les titulaires des autres chaires de chinois en Angleterre, doit son enseignement à ceux qui se présentent, et le modifie suivant que les circonstances l'exigent. Toutefois l'intention des fondateurs est de mettre la langue chinoise à la portée des commerçants du Lancashire ; les cours portent sur la langue même et sur l'histoire, le gouvernement, la religion, etc.

On commence donc à admettre que les colons, je veux dire ceux qui s'expatrient pour aller soit dans les possessions européennes, soit dans les Etats indépendants voisins et de civilisation analogue, faire de la banque, de l'industrie, de l'agriculture, du commerce, ont besoin d'une formation spéciale ; on semble avoir généralement préféré entreprendre de leur donner cette éducation en Europe, sur le sol métropolitain. Cette préférence est-elle justifiée ? ne serait-il pas meilleur de les transplanter sans tarder dans

1899, une école coloniale privée ; à des cours théoriques est joint un enseignement pratique (agriculture, savonnerie, maçonnerie, etc.).

le milieu où ils doivent travailler, de les former
par la pratique à l'exercice, à la direction des
affaires, en attendant que quelques-uns d'entre
eux rentrent dans la mère-patrie, pour continuer
d'Europe leurs rapports avec l'Asie ou l'Afrique, pour répandre autour d'eux par l'exemple de leurs succès le goût et la connaissance
des choses coloniales ? Cette idée me semble peu
pratique pour divers motifs. Un particulier établi aux colonies, agriculteur, industriel ou autre, ne prendra pas chez lui sans quelque méfiance, sauf relations de famille ou d'amitié, sauf
recommandation spéciale, un jeune homme
qu'il aura la peine de former, sans prévoir ce
qu'il en retirera ; un développement colonial,
gagnant de famille en famille, faisant tache
d'huile, est trop lent pour l'heure présente, pour
les besoins de demain. Faudrait-il fonder des
écoles spéciales sur les lieux, en Chine et en
Indo-Chine par exemple, et les peupler de jeunes Français recrutés par un concours ou par
toute autre voie ? Mais que de difficultés provenant de la législation militaire, des habitudes
familiales françaises qui s'accommodent mal de
laisser partir au loin un jeune homme de dix-
huit ou vingt ans ! De plus, à cet âge, souvent la
santé n'est pas assez consolidée, le caractère
assez affermi pour résister à une vie et à un climat très différents ; bien des vocations s'étei-
gnent en face de la réalité, d'autres sont trahies
par la force physique ; en fin de compte, le nombre des succès ne représentera qu'une partie in-

suffisante des tentatives : d'où, pour le transport, l'entretien des élèves et autres frais, des dépenses hors de proportion avec le produit. Rien de tel avec des écoles établies en France, puisque les étudiants qui ne réussissent pas, se retirent après une brève expérience, sans avoir été l'occasion de frais spéciaux. Pourrait-on d'autre part envoyer sur place un jeune homme plus âgé, ayant déjà son plan de vie bien arrêté pour consacrer un ou deux ans à une sorte de noviciat qu'il dirigerait lui-même, et entrer ensuite de plain-pied dans les affaires de la région ? Ce système sera admissible si le sujet a la maturité d'esprit pour former et exécuter un pareil plan, s'il peut trouver près de lui les conseils, l'appui indispensables à l'élaboration du projet, si enfin il possède les ressources pour l'exécuter : ces conditions ne se rencontreront pas souvent ensemble.

Je vais plus loin : arriver dans un pays totalement étranger sans en avoir la moindre notion préliminaire, ne permet ni de connaître vite ni de connaître bien. On me dit que les industriels européens du Bengale parlent tous une ou deux langues du pays, bengali et hindoustani par exemple, et qu'ils les apprennent sur place, principalement par la pratique ; mais on reconnaît aussi que, des leçons prises avec un lettré indigène, la valeur, par suite le succès final, dépend totalement de la valeur du maître ; ceux qui sont bons, sont rares ; souvent ils ne songent qu'à passer l'heure sans trop s'ennuyer et en appre-

nant quelques mots d'anglais ou de français.
Plus d'une fois, j'ai fait la même remarque en
France avec les répétiteurs indigènes de langues
orientales. En Chine, la difficulté n'est pas
moindre, bien au contraire : le nouvel arrivant
a souvent de bonnes résolutions, il se met à
l'étude, il trouve un lettré insuffisant, peu consciencieux, presque incapable de lui donner le
sens précis d'une phrase, totalement hors d'état
de lui faire saisir la construction d'une proposi-
tion, bon tout au plus à lui seriner des formules
toutes faites ; il comprend qu'à ce régime il lui
faudra des années pour obtenir un résultat très
mince ; il se rebute et déclare le chinois impos-
sible à apprendre. C'est une erreur, c'est la méthode qui est mauvaise. C'est ainsi que, depuis
qu'il y a de nombreux Européens en Chine, depuis que nous sommes établis en Cochinchine et
au Tonkin, un nombre si petit d'hommes d'affaires ont appris le chinois ou l'annamite. Ces
deux langues présentent des difficultés non pas
très grandes, mais très spéciales : intonations
multiples des syllabes, absence de formes gram-
maticales, caractères idéographiques. L'Européen est d'abord égaré et il faut qu'un guide
expert lui indique dans quel sens regarder ces
nouveaux faits ; l'Asiatique se sert uniquement
de sa mémoire, ne raisonne pas, n'a jamais rai-
sonné sa langue ; il veut imposer à l'élève européen l'apprentissage pratique que le petit Chinois, le petit Annamite font de leur langue
maternelle, apprentissage machinal dont nous

n'avons pas l'équivalent même dans nos classes
primaires ; pour un Européen de vingt ans, au-
cunes conditions ne sont semblables, ni la mémoire qui n'est plus celle de l'enfance, ni la
faculté logique que toute l'éducation a développée, ni le milieu familial, ni le temps disponi-
ble. Un enseignement européen est donc indispensable. Le professeur devra faire apprendre
des mots et des phrases d'usage quotidien, dé-
composer les idéogrammes en leurs éléments,
analyser les propositions et les phrases pour
faire sentir les principes, les habitudes de l'écriture et de l'expression verbale, indiquer les traits
saillants des coutumes, du caractère des indigè-
ges. Dans ces études multiples, mais inséparables, on ne saurait jamais tout dire, tout enseï-
gner ; mais on peut attirer l'attention des élèves
sur les plus importants des faits linguistiques et
sociaux, les leur expliquer, leur apprendre à poser une question, à comprendre une réponse, à
interpréter ce qu'ils verront et ce qu'ils enten-
dront ; ils sauront quelque chose en arrivant en
Chine, pourront rendre quelques services, ils
seront surtout capables d'apprendre encore, de
devenir encore plus utiles. Cette direction première, un Européen seul peut la donner ; il y
faut un cours d'études organisé, plusieurs leçons
par semaine pour que l'esprit soit toujours tenu
en éveil, et alors deux années bien employées
suffisent largement. Ce qu'il faut bien poser,
c'est que la connaissance des indigènes et de
leur langue est le pivot de la formation raison-

née des colons (je prends ce mot dans le sens le plus général), de quelque pays exotique qu'il soit question. En appliquant ce système, on ne pourra plus dire de tant de pays ce qu'un auteur récent et bien informé écrit à propos de la Birmanie (1). « Il est merveilleux combien sont « ignorants de la Birmanie et des Birmans en « général la plupart des négociants et de leurs « employés... Les transactions commerciales se « font d'habitude en anglais ou en hindoustani. « Mais il va de soi que, si les négociants pou- « vaient et voulaient se préparer convenable- « ment à cet égard, et s'ils voulaient prendre la « peine de voyager pour acquérir une connais- « sance personnelle des possibilités du pays et « des besoins de la population, ils amèneraient « une expansion du commerce beaucoup plus « rapide que par toute autre voie. »

On vient enfin dans l'Indo-Chine française de reconnaître la justesse de cette opinion : du moins un vœu a été présenté à la Commission de la réforme de l'enseignement (1904), tendant à introduire l'étude de l'annamite dans les écoles où fréquentent les enfants européens.

Quand je parle de connaître les mœurs et les institutions du pays, j'entends que l'étudiant soit mis au fait des principes du droit indigène, loi écrite ou coutume ; non pas que, en raison du principe d'exterritorialité, l'Européen y soit sou-

----

(1) John Nisbet, *Burma under Bristish rule and before.* 2 vol. in-8, Westminster, 1902, t. I, p. 452.

mis de sa personne ; mais s'il veut faire des affaires avec la population, coopérer avec elle pour une œuvre quelconque, il doit savoir à quelles règles obéit le partenaire ou l'adversaire. Il ne s'agit pas d'une étude approfondie, qui, pour la Chine par exemple, serait plus complexe que celle du droit en France ; ce sera assez d'une idée générale des principes avec un peu plus de détails sur quelques points, mines, vente de terres, responsabilité personnelle ou collective, etc. Par là, l'Européen, sans pouvoir peut-être résoudre une difficulté, saura la prévoir et consulter à temps une personne compétente, indigène ou étrangère. De même il doit, dans la mesure où ils concernent sa personne ou ses affaires, être au fait des traités existants, des lois faites pour le protectorat ; il lui faut donc connaître les principes de notre droit civil, administratif, commercial, colonial, mais les principes seulement, exposés de très haut, sans s'embarrasser des détails ni des subtilités ; car on veut former non pas des hommes de loi, mais des commerçants, des industriels, des agriculteurs, qui seront sans doute forcés de recourir à des spécialistes quand ils se trouveront engagés dans un litige. Enfin, pour comprendre la législation d'un pays, les traités qu'il a conclus, il faut une connaissance générale de l'histoire du peuple, des relations qui ont amené la situation présente ; mais je voudrais strictement limiter ces études historiques à l'explication des faits actuels. Le droit et l'histoire sont très capables d'ouvrir et d'élever l'esprit, mais à condition d'être creusés assez loin et d'un effort assez personnel ; le temps nous manque, s'il s'agit de former des hommes pratiques ; de ces hautes études, nous ne pouvons garder que le minimum nécessaire, susceptible d'application immédiate ; l'histoire de la colonisation espagnole peut fournir une leçon à l'homme d'Etat, à l'administrateur ; elle est inutile au planteur.

La géographie du pays où doit résider le colon, est de première importance ; mais je la veux aussi pratique, descriptive des produits et des conditions de production, des voiés de communication et des lieux d'échange, sans s'attarder à des théories, pour intéressantes qu'elles soient, sur l'histoire des terrains et la formation du relief du sol. Je ne veux pas non plus que, sous prétexte de géographie commerciale, on bourre les mémoires de chiffres vrais hier, déjà faux aujourd'hui ; que l'on enseigne à lire les statistiques et à les employer intelligemment, ce sera mieux.

Est-ce à dire que les études de langues, d'institutions, d'histoire locale, seront à la fois la base et le couronnement de notre système ? Elles sont essentielles à mon avis, elles ne sont pas tout. Une large place doit être faite aux sciences appliquées : géographie et étude des produits, agriculture, minéralogie, géologie appliquée aux mines, chimie pratique, hygiène, un peu de médecine, construction des bâtiments, des routes, des machines, comptabilité, change. Tout ne doit pas être étudié par tous ; mais dans cette série chacun choisira suivant ses plans d'avenir; toutes ces recherches, tous ces travaux ont d'ailleurs le caractère commun de comporter une application immédiate, de mettre l'étudiant en face non pas de conceptions de l'esprit, essentiellement variables, mais de faits naturels, de réalités humaines objectivement données.

Faut-il descendre dans le détail de l'organisation? et ne voit-on pas que, des deux parts de cet enseignement, l'une, la scientifique, est déjà représentée dans tous les centres d'un grand pays, que ces sciences ne diffèrent pas pour devoir être appliquées en France ou sous les tropiques et que, pour la variété de la pratique, quelques indications, quelques conférences de mise au point suffiront, qu'il n'y a donc pas à créer de nouveaux organes, de nouveaux cours, mais à prendre de droite et de gauche notre bien où nous le trouverons? Le rôle d'un directeur d'études, pour cette partie, sera de causer avec les étudiants, de reconnaître leurs aptitudes, de les diriger dans un sens ou dans un autre, s'ils n'ont déjà fait un choix, et parfois, s'ils ont déjà choisi, de corriger le projet formé légèrement ; de toutes façons, d'indiquer à chacun les cours qu'il doit suivre, de lui montrer les raisons pour lesquelles il les doit suivre, de lui obtenir les autorisations nécessaires, de le mettre en rapports avec les professeurs. Quant à l'autre part, géographie et produits d'une région, institutions et mœurs, histoire, langue, cela est spécial, il y faut des cours spéciaux faits suivant la méthode et dans la direction esquissées plus haut, pour qu'il y ait communication d'esprit entre le maître et l'élève, pour que celui-ci sente dans les paroles passer le souffle de la réalité qu'a vue celui-là et que lui-même s'apprête à affronter à son tour. Et pour que cette communication s'établisse et qu'elle soit accessible à tous (car il faut beaucoup de colons, il y a donc à accueillir, à attirer toutes les vocations coloniales), il faut écarter toutes les formes vaines, diminuer les formalités, multiplier les leçons, admettre quiconque vient avec la volonté, avec la simple curiosité d'apprendre, laisser libre quiconque veut être libre de choisir et de former à sa guise son éducation coloniale. Il faut également avoir les moyens de diriger les hésitants, de les encourager ; leur montrer au bout des études un parchemin (on les aime en France et ailleurs), et aussi la probabilité d'une carrière plus brillante, plus avantageuse que dans la mère-patrie ; il faut les amener au seuil d'une carrière et leur faire passer ce seuil. Il faut être prêt, par le moyen d'un directeur d'études, de cours spéciaux, de cours désignés, à prendre un jeune homme de bonne volonté et à rendre deux ans après un colon capable de faire œuvre utile dans un pays déterminé d'avance.

L'ASIATIQUE ET LA CIVILISATION EUROPÉENNE

Le développement agricole, industriel, commercial dans une grande partie de l'Asie, résultera d'une coopération, l'Européen apportant la direction technique, parfois la surveillance administrative, l'indigène fournissant la main-d'œuvre. Par cette union, l'ordre est assuré, l'emploi des richesses naturelles amélioré pour le bien commun. Les fonctionnaires, les hommes d'affaires doivent être des spécialistes formés méthodiquement : que seront les indigènes ? et d'abord quels sont-ils présentement en face de notre civilisation?

I

Au premier contact de l'Européen avec le Chinois, le Coréen, l'Annamite, la méfiance et le mépris réciproques naissent d'abord. Si l'intolérance est la défense instinctive de deux civilisations à peu près également avancées et orgueilleuses, la méfiance est souvent justifiée par les faits. Mais il est superflu d'énumérer nos griefs très réels que nous tendons toujours à voir en grand. Indiquons les plaintes légitimes des indigènes.

Au xvie siècle, les Portugais étaient admis à Ning-po; certains d'entre eux s'attaquent aux femmes du pays, abusent d'elles, les enlèvent à bord de leurs vaisseaux : la population se soulève, massacre huit cents Portugais, brûle trente-cinq vaisseaux (1545). Pendant la rébellion des Thai-phing, les côtes, les jonques de pêche et de commerce sont pillées par des hordes d'aventuriers, chinois et étrangers; les commerçants ont l'idée de se faire escorter par des bateaux étrangers entre Ning-po et Fou-tcheou ; ils payent pour ce service à des *lortcha* portugaises plus d'un million de francs par an; bientôt les équipages, gens de Macao et de Manille, font la piraterie contre leurs protégés. En désespoir de cause, les autorités de Ning-po s'adressent à un pirate chinois nommé Apak, le nomment mandarin; celui-ci entre dans la rivière de Ning-po, s'empare de sept *lortcha* à l'ancre devant le consulat de Portugal, emporte le consulat même, massacre une partie des équipages, mais respecte trois vaisseaux marchands portugais qui étaient dans le port (1857). A Macao au milieu du siècle, s'organise la traite des couli : ces malheureux sont enlevés par ruse ou par violence, entassés sur les bateaux, privés d'air, à peine nourris, tenus dans une saleté sans nom; à destination après expiration de leurs contrats, ils sont retenus contre leur gré; la mortalité à bord et après débarquement est considérable; les mutineries fréquentes appellent des répressions cruelles. Jusqu'en 1873 ce commerce dure, y prennent part plus de trente navires de toutes nationalités, anglais, belge, italien, portugais, péruvien et français. Pendant que les Thai-phing combattent le gouvernement régulier, ils ont dans leurs rangs des étrangers, ils sont encouragés par des missionnaires protestants, l'un deux, le Rev. Roberts, est ministre des affaires étrangères du chef rebelle. En 1891, lors d'un complot des Ko-laohwei, on découvre à la douane de Chang-hai trente-sept caisses d'armes envoyées en contrebande à destination de Tchen-kiang et l'on arrête comme complice un Anglais employé des douanes, Mason, qui était détenteur de dynamite, la Cour anglaise le condamne à neuf mois de prison.

Dans la vie quotidienne aussi, l'attitude de certains Européens n'est pas moins faite pour exciter le ressentiment des populations. Au Seutchhwan, Mgr Desflèches parcourt son vicariat avec une nombreuse escorte armée, terrorise les sous-préfets, impose ses volontés au vice-roi; il est enfin rappelé sur la demande de la Légation de France (1878). L'acquisition des terres par les communautés indigènes catholiques ou protestantes donne lieu à des froissements fréquents, parce que les missionnaires, avec leurs idées d'Europe, oublient parfois que la propriété chinoise est plutôt familiale que personnelle; le consentement de tous les agnats est donc requis. En 1902, dans une petite localité du Chan-tong, les desservants d'une bonzerie convertis au christianisme remettent leur temple aux missionnaires protestants, on ne s'inquiète pas du consentement de la population, peu après le temple est brûlé: où sont les torts? Il n'y a pas plus d'une dizaine d'années, des explorateurs dans les provinces de l'ouest parcouraient les routes en se frayant un passage à coups de cravache. Les missionnaires dans l'intérieur revêtent souvent le costume chinois; ainsi que le fait remarquer M. von Brandt (1) cette tentative de s'accommoder aux mœurs du pays est tout à fait hors de propos pour le missionnaire protestant, dont la tenue à l'égard de sa propre femme et des autres personnes du sexe féminin choque à chaque instant les idées orientales sur les convenances. Combien d'Européens en Chine, davantage en Annam et au Japon, vivent avec une femme du pays, en ont même des enfants et partent sans assurer le sort des uns et de l'autre ! Le Chinois emmène rarement sa femme hors de Chine, il contracte mariage avec une indigène; quand il quitte la localité, il laisse toujours à sa famille annamite un fonds de commerce ou des moyens d'existence.

(1) 33 *Jahre in Ost Asien*, grand in-8, Leipzig, 1901, vol. III, p. 92.

II

Parmi les Européens, toutes les nationalités, toutes les professions sont, par quelques-uns des leurs, responsables de la méfiance née et entretenue dans l'esprit des Asiatiques. Ce ne sont que les maux de toute société, aggravés il est vrai des actions et réactions violentes sur la frontière de deux civilisations. C'est le remous au confluent de deux cours d'eau. Le seul remède serait la rupture de toutes relations : à défaut de celui-là, le palliatif est de tâcher de se comprendre. Mais c'est encore une œuvre ardue quand les principes de civilisation s'opposent. Toute la société chinoise est fondée sur la vertu appelée *hiao*, qui est plus que le respect, qui est la soumission inconditionnelle à l'égard des autorités établies de temps immémorial, chef de famille et prince ; dans la famille on obéit au père, au chef du clan, à l'héritier des fondateurs ; dans l'État on obéit à l'Empereur, maître suprême de toutes les familles, aux mandarins, représentants de l'Empereur. Le devoir d'obéissance ne s'arrête pas aux supérieurs vivants, il s'étend aux morts, qui les ont précédés et investis, qui sont les dieux comme ancêtres, ancêtres réels de la famille et de la dynastie impériale, ancêtres et bienfaiteurs mythiques de la race, ancêtre de l'Empereur, suprême et symbolique, c'est-à-dire le Ciel. Le *hiao*, devoir social, est en

un sens devoir religieux ; la société est, par une
de ses faces, une église, une sous l'autorité de
l'Empereur mandataire du Ciel, indéfiniment
multiple sous la direction des chefs de famille
continuateurs des ancêtres. Dès la haute anti-
quité est sortie de cette conception la consé-
quence que la sagesse des anciens est suprême,
que tout ce qui s'en écarte est pervers ; les nombreux changements que la suite des âges a
introduits dans la vie pratique des Chinois,
n'ont pas entamé cette idée dont la prépondé-
rance a crû à travers l'évolution historique.
Dominé presque exclusivement depuis une
dizaine de siècles par le concept d'orthodoxie
sociale, l'Etat chinois s'est, autant qu'il l'a pu,
opposé au développement de tout ce qui est
étranger aux cultes prévus, principalement des
religions de propagande, bouddhisme et taoïsme
sous leurs diverses formes, islamisme et autres
religions étrangères ; il n'a pas complètement
réussi à étouffer leur expansion dans le peuple
qui cherche autre chose que la morale toute nue
et le culte froid des ancêtres.

L'Européen laisse moins de place à la puis-
sance paternelle, au pouvoir du prince, à toute
autorité extérieure ; il revendique en face de la
famille, du groupe, de l'Etat, une part d'indépendance dont le minimum est la liberté de
l'homme intérieur, la liberté de conscience. Là
est l'opposition profonde des deux principes
sociaux, plus grave que les méfaits, les malen-
tendus rappelés tout à l'heure. Les deux civilisa-

tions ne se peuvent transformer l'une dans l'autre. Les faits, qui depuis plus de deux millénaires, se sont accumulés pour former la civilisation chinoise, sont trop puissants par leur masse pour que avec nos vues d'hommes qui jettent leurs regards à quinze ou vingt ans en avant, avec notre action intermittente contre celle de la société qui est continue, avec nos forces européennes appuyées sur quelques points, missions, écoles, chantiers, tribunaux, laboratoires, nous puissions imaginer une pareille déviation Soyons plus modestes, limitons notre champ d'action si nous ne voulons que nos efforts restent vains, appliquons-les là où ils peuvent être fructueux, en dehors des principes sociaux essentiels.

III

C'est la méthode employée en Chine au xviie et au xviiie siècle par les Jésuites, grands psychologues, et dont le succès n'a pas été dépassé. Ils ne pouvaient changer leur visage afin de ne pas prêter à rire aux Chinois ; du moins ils adoptèrent l'habit des lettrés ; ayant acquis la respectabilité que donne le costume, ils durent harmoniser leur genre de vie et leur maintien avec leur extérieur, renoncer à l'exubérance occidentale, se composer ce masque sérieux qui est de bon ton. Se faire Chinois avec les Chinois, telle était la première étape : du jour où il y avait réussi, le missionnaire pouvait prêcher au peuple, âmes simples et d'accès facile. Mais avec les lettrés, la prédication ouverte n'était pas de mise ; avec eux, il fallait se faire lettré, connaître leurs classiques, comprendre la science dont ils font leur orgueil, écouter leurs dissertations subtiles et savoir y répondre. Plusieurs Jésuites y réussirent. Mais ce n'est pas assez de traiter de pair avec les gens cultivés ; attaquer leurs idées sans préparation eût été maladroit. Les missionnaires travaillèrent à faire sentir la supériorité de la civilisation européenne ; ils furent savants, ils enseignèrent la géographie, la physique, l'histoire naturelle, les mathématiques, ils dressèrent la carte de l'Empire, corrigèrent le calendrier, construisirent des canons et des horloges, élevèrent des palais, négocièrent le traité avec les Russes. Ils établirent de toutes façons la supériorité intellectuelle des hommes d'Occident ; leurs entretiens étaient recherchés par les lettrés, par les dignitaires, par les Empereurs ; de ces conversations ils profitaient pour insinuer la vérité scientifique ou morale, la développer, la faire éclater aux yeux.

De même, le Japon n'a pas été transformé en trente ans par les ingénieurs et les professeurs d'outre-mer ; il s'est modifié lui-même sous une impulsion venue d'Europe. Dès le xviie siècle, des Japonais ont été initiés à l'observation scientifique ; les curieux des sciences étrangères se sont multipliés contre la volonté même d'un gouvernement despotique ; la révolution était faite dans les esprits quand, à l'arrivée des Américains, elle s'est étendue au domaine politique. L'idéal de vie est d'abord resté confucianiste, féodal, fédératif, quelques hommes ont toutefois compris que l'Empire demeurerait digne de lui-même, seulement s'il s'égalait aux nations étrangères par son unité et sa force, par son administration et ses lois ; ils ont imposé leurs vues et abattu ce qui entravait leur construction nouvelle. Les cadres sociaux ont donc changé peu à peu dans la mesure où ils avaient une signification politique et économique. Mais la famille reste intacte ; bien plus la relation féodale a laissé des traces, et l'on voit encore le comte Sô adresser une circulaire à ses anciens vassaux de Tsousima, à propos de la guerre russo-japonaise (février 1904). La pensée du Japon reste indépendante et juge l'Europe.

Cet exemple frappant montre que la science est plus facilement communicable, que les changements sociaux peuvent suivre, mais qu'ils viennent de l'intérieur, que malgré tout l'esprit national maintient son droit à une originalité indépendante. Il y a, dans certaines idées justes, susceptibles de vérification sensible ou de preuve mathématique, une lumière à laquelle on ne se soustrait pas quand une fois on a ouvert les yeux ; encore faut-il les ouvrir, beaucoup d'hommes, de toutes classes, de tous pays, en demeurent incapables. La vérité, saisie par quelques-uns, se répand de proche en proche dans le milieu homogène d'une civilisation. Bien plus lentement, et sous des modalités que nous ne pouvons prévoir, sous des formes nouvelles en chaque cas nouveau, se produit l'équilibre au contact de deux systèmes d'idées sociales. La transformation du Japon se poursuivra, sans que nous en apercevions le terme futur ; des changements analogues peuvent se répéter en Chine ou aux Indes, à Java ou en Annam. Si nous prêchons l'exactitude et l'observation scientifique, nous travaillons probablement dans le sens du développement de plusieurs races parmi les mieux douées, notre œuvre a quelque chance de durée, de profit. Mais l'histoire se fait lentement, plus avec les sentiments, les idées d'hier, qu'avec les idées qui sont les sentiments de demain. Nous pouvons essayer de répandre les conceptions justes et simples ; les sentiments échappent à notre empire : nos lois ne les créent pas ; notre éducation les dévie ou les renforce, mais ne les instaure ni ne les abolit. Prenons garde à n'agir qu'où nous pouvons atteindre, laissons la vie faire le reste de peur de gâter la nature que nous ne saurons remplacer.

IV

Aussi bien, l'Occidental est peut-être plus prompt à comprendre et à estimer l'Asiatique et il montre là ce qu'il a de supériorité. Mais le Chinois même ne demeure pas immobile. Les faits se gravent dans son esprit, les idées s'insinuent, les impressions réitérées se renforcent, se multiplient de l'un à l'autre ; les plus réfractaires sont atteints. La masse à mouvoir est telle que nous ne percevons pas le mouvement ; il est mesurable toutefois. Comparez le mandarin de 1840, qui doute si les Européens ne sont pas les hommes sans tête des légendes, avec le mandarin de 1900, qui voyage en bateau à vapeur et en chemin de fer. Chaque jour amène un progrès. En 1876, le gouvernement rachète et détruit la voie ferrée de Chang-haï à Wou-song, vingt ans plus tard la locomotive circule entre Thien-tsin et Péking ; après la guerre du Tonkin, le fil télégraphique s'étend peu à peu sur toutes les provinces, aujourd'hui il pénètre au Hou-nan même, la plus turbulente et l'une des plus lettrées ; les ministres du Tsong-li-yamen ont commencé par donner à dîner aux représentants étrangers dans le yamen même, puis ils ont accepté les invitations des légations et, aujourd'hui, les dignitaires de Péking reçoivent les diplomates dans leurs hôtels privés ; le tombeau et le temple de Confucius, le cœur du confucianisme, s'ouvrent à la curiosité des barbares, les descendants du grand homme les conduisent dans le sanctuaire et le duc Khong, le chef de la famille, se fait photographier par eux.

Le Chinois même, mandarin et lettré, n'est pas immobile. Puisque tôt ou tard un jour vient où l'Asiatique cherche à pénétrer la pensée occidentale, quel peut être ce jour-là, soit en pays indépendant, soit en pays de possession, de protectorat, l'attitude du gouvernement occidental intéressé? Tentera-t-il d'arrêter l'organisation des forces indigènes susceptibles de devenir dangereuses pour l'Europe? Pareille entreprise ne serait-elle pas vaine? La civilisation européenne est expansive, elle est partie à la conquête du monde par les idées; en refusant l'éducation aux indigènes, elle se nierait elle-même; la science immatérielle se glisse avec les marchandises, se répand par la parole. Faudrait-il arrêter les Asiatiques qui viennent en Occident et les Occidentaux qui vont en Asie, supprimer la circulation des produits? Aussi bien la muraille de la Chine et ses postes de douane ont-ils empêché la diffusion des vers à soie, la pénétration du bouddhisme, de l'islamisme, du christianisme? A quoi bon entamer une lutte que d'avance on sait vaine? Au contraire, le besoin senti par les sujets ou protégés de se rapprocher intellectuellement des maîtres et protecteurs, tournera à l'avantage de ces derniers; un danger grave en pays asiatique, ce sont ces vagues de fanatisme, poussées par quelque superstition et qui, se levant parfois, menacent de tout balayer : ainsi, la révolte des Indes en 1857, les massacres périodiques en Chine dans le dernier demi-siècle. La familiarité des indigènes avec la pensée européenne est propre à combattre ces phénomènes. S'il est peut-être vrai que les Occidentaux doivent se faire les apôtres de leur civilisation tenue pour supérieure, à coup sûr bien davantage leur intérêt est-il d'accueillir ceux qui viennent à la science et de les guider,

ÉDUCATION EUROPÉENNE DE L'ASIATIQUE

I

L'homme de l'Extrême-Orient, inconscient ou conscient, se tourne vers la civilisation européenne. Précisons donc ce que nous voulons enseigner, à qui nous voulons enseigner. De ce qui a été dit plus haut, résulte la règle : il ne faut toucher aux principes moraux et sociaux des peuples civilisés (et quel peuple ne l'est en quelque sens ?) que par la persuasion et d'une main légère ; il ne faut pas les détruire ; si nous les affaiblissions, nous ne pourrions mettre les nôtres à la place, et tout ce qui en subsisterait se lèverait contre nous. Le rapprochement n'est pas à chercher sur un terrain aussi sensible et variable, mais sur un sol scientifique. Les vérités mathématiques, les phénomènes physiques et chimiques sont ignorés ; la connaissance de ces faits habituera l'esprit des Chinois à la précision

qui lui manque; la précision est proche de
l'exactitude et de l'honnêteté : l'enseignement
scientifique peut devenir un enseignement moral.
D'autre part, l'application des sciences à l'agriculture et à l'industrie, la médecine également
ont une valeur pratique, tôt perçue. Ce que nous
voulons comme base de l'instruction des indigènes, c'est, pour le plus grand nombre possible,
les principes fondamentaux des sciences exactes
avec des notions pratiques applicables dans la vie
de chaque jour; c'est, pour un nombre plus
restreint, une instruction technique, agricole,
industrielle, médicale ou autre, qui les mette
à même de gagner leur vie comme aides des
Européens dans leurs entreprises et les intéresse
à l'influence européenne, qui à la fois fasse d'eux
parmi les indigènes des conseillers écoutés, imi-
tés, agents d'expansion des vérités scientifiques.

II

Les missions chrétiennes ont précédé les autres éducateurs ou tiennent encore leur place.
J'ai dit plus haut avec quelle discrétion les
Jésuites du xviie et du xviiie siècle ont pratiqué
en Chine la propagande religieuse; ils ne l'es-
sayaient qu'en s'adressant au Chinois familiarisé
avec les idées de l'Europe, scientifiques et morales, en fait à demi-conquis. Le christianisme
occidental, celui qui depuis trois cents ans fait
œuvre de prosélytisme dans l'extrême Asie, est

celui que seize siècles de développement en commun ont pénétré de l'activité latine et germanique ; il porte avec lui l'arome de notre civilisation comme nos langues mêmes restent imprégnées de conceptions chrétiennes. Cette ambiance nous demeure inaperçue, tant que le contact d'un milieu différent ne nous le révèle pas. Le Chinois admet la transmigration pour un temps bref ou pour toute une vie, la syncope et la mort en sont les signes extérieurs ; le Chinois « meurt » pour quelques heures et « ressuscite »; il croit à la solidarité familiale manifestée, entre autres influences mystérieuses, par le *fong chwei* ; ou bouddhiste instruit, au *karman* qui fixe un nouvel agrégat spirituel pire ou plus parfait. L'Occidental distingue en lui-même une âme et un corps, unis provisoirement ; il est susceptible de récompense ou de châtiment personnels distribués par un être supérieur ; au jour de la mort, il « rend l'âme » ; il accorde à la personne humaine une valeur absolue difficile à concilier avec la hiérarchie sociale et opposée à la gradation où le bouddhiste fait entrer même les animaux. Par une naturelle corrélation, la religion que les missionnaires prêchent, est accompagnée d'une métaphysique à contours nets, d'une cosmologie précise, d'une morale codifiée, d'une logique scolastique qui contrastent avec l'indétermination et le décousu, avec le syncrétisme fréquents dans la pensée de l'Extrême-Orient ; ainsi la prédication religieuse introduit dans les esprits un premier élément de précision scientifique. Pour l'œil de l'Asiatique, l'esprit est le même chez le missionnaire et chez le savant qui viennent d'Europe. Les civilisations en présence sont assez distantes pour que les nuances s'effacent ; les efforts divergent s'il s'agit des intérêts, mais ils sont parallèles pour le fond de l'éducation à donner aux indigènes.

Le christianisme n'a pas de corrélation nécessaire toutefois avec notre conception logiquement liée, empirique plus qu'intuitive, individualiste, de l'existence et de l'univers. Il prêche essentiellement la soumission au pouvoir établi. Régime patriarcal, éparpillement individuel, autonomie du groupe ou de l'individu, soumission à un pouvoir extérieur, de toutes les formes sociales ou politiques il s'est accommodé, ne revendiquant d'autre domaine que celui de la conscience libre. Mais c'est déjà là pour l'orthodoxie confucianiste une révolution ; l'exaltation du sentiment des droits individuels attaque les rapports sociaux admis. Tel est le danger que les empereurs ont perçu dans le christianisme et qu'ils ont voulu écarter aussi en poursuivant d'autres religions ; telle est l'incompatibilité théorique qui a ralenti les progrès des missions après qu'elle a éclaté au jour dans la question des rites. Il n'y a pas à la pallier par raisonnement ; mais dans la pratique, la modération et la discrétion peuvent adoucir les chocs, les rendre rares en attendant que le temps concilie une fois de plus ce qui semble inconciliable. A cela s'était appliquée la sagesse des Européens du

xviie siècle ; à cela s'emploie encore, nous le ver-
rons, la prudence d'un grand nombre de leurs
successeurs. Ce devoir de dévouement n'incombe
pas moins qu'aux religieux aux maîtres laïques
et à tous Européens vivant en Extrême-Orient :
car s'il est une part du christianisme à laquelle
pas un homme de civilisation européenne ne
veuille renoncer, c'est bien l'aspiration à plus
de justice, la revendication de la conscience
libre.

III

Les Missions catholiques héritaient au xixe siècle d'une situation bien diminuée depuis une
cinquantaine d'années ; elles étaient représentées
par la Société des Missions étrangères, par la
Congrégation de la Mission (Lazaristes), l'une et
l'autre françaises, par les ordres des Francis-
cains et des Dominicains, le premier plutôt italien, le second espagnol. Les survivants de la
Mission des Jésuites mouraient à Péking, le
« Tribunal des mathématiques », longtemps
confié aux prêtres étrangers, n'employait plus
que des Chinois ; les chrétiens étaient bannis ou
mis à mort, les missionnaires étaient emprison-
nés, torturés (1) ; quelques-uns réussissaient à

(1) Voir pour quelques détails des persécutions *Secta-
rianism and religious persecution in China*, by J. J. M.
De Groot, 1 vol. in-4, Amsterdam, 1903, 1904 (pp. 329,
387, etc.).

se dissimuler dans l'intérieur, administraient les sacrements, entretenaient par leur exemple et leur prédication le zèle de leurs ouailles appartenant en majorité à la classe la plus humble. La Chine était dès lors divisée en vicariats apostoliques ; chaque vicariat est confié par le Saint-Siège à une mission dirigée par un évêque *in partibus* et formée des membres d'une seule société religieuse. Cette division répartit l'effort apostolique et met un obstacle aux rivalités qui ont marqué le xviiie siècle. D'autre part, l'Association de la Propagation de la foi, fondée à Lyon (1822), rassemblait dans les pays catholiques, en France surtout, d'abondantes aumônes et concentrait les ressources pour les religieux missionnaires. Aussitôt après l'édit de tolérance obtenu par de Lagrené, les Jésuites rentrèrent en Chine (1844) ; d'autres sociétés furent successivement fondées : Missions étrangères de Milan (1850), un peu plus tard Congrégation du Cœur de Marie Immaculée (Missions belges de Scheut), puis Missions étrangères de Steyl, Hollande (1875), Séminaire de Saint-Pierre et Saint-Paul (Rome, 1874). Les vicariats, au nombre de vingt-six en 1878, étaient en 1900 au nombre de quarante-et un, répartis en cinq régions ; ils comptaient alors neuf cent deux missionnaires pour plus de sept cent mille chrétiens (Macao n'est pas inclus).

Le grand développement pris en un demi-siècle par l'œuvre purement religieuse, n'a fait oublier aux missionnaires catholiques ni le soin

des malades et des orphelins, ni l'éducation. Les
hôpitaux, hospices, dispensaires ont été confiés
aux religieuses étrangères appelées dans chaque
Mission et à des sœurs appartenant à des ordres
indigènes qui ont été fondés peu à peu ; ils ad-
mettent chrétiens et non chrétiens ; malheureu-
sement nous ne possédons pas de rapports publiés par eux. L'éducation a toujours été, aux
yeux des vicaires apostoliques, un des premiers
devoirs des Missions ; dès qu'ils l'ont pu, ils ont
toujours fondé le petit et le grand séminaire
pour recruter des prêtres indigènes. L'enseignement des séminaires est mi-partie chinois, mi-
partie européen ; limité comme nombre d'élèves
et dirigé en vue d'un but spécial, il a cependant
formé quelques-uns des Chinois qui ont le mieux
connu l'Europe.

Dès 1860, les Lazaristes de Péking, remis en
possession des anciens établissements des Jésuites, pensèrent à reprendre l'œuvre d'éducation
interrompue depuis le xviiie siècle. Mgr Mouly,
vicaire apostolique, conçut l'idée d'établir un
collège franco-chinois où l'on instruirait des
jeunes gens dans la langue française et dans
les sciences occidentales ; se trouvant à Paris
en 1861, il essaya sans succès, d'obtenir l'appu
pécuniaire du gouvernement ; poursuivant
cependant l'exécution de son plan, il se fit
envoyer (1862) deux professeurs spéciaux, dont
l'un, l'abbé David, s'est fait un nom par ses
travaux d'histoire naturelle. Cette tentative ne
fut pas goûtée ; au bout de quelques années le

cours de français du Nan-thang disparut, quelques-uns des élèves passèrent au Thong-wen-
kwan, école nouvellement fondée par le Tsong-
li yamen; parmi eux se trouvait un jeune homme,
Khing-tchhang, qui a été hautement apprécié
comme représentant de la Chine à Paris. Après
1870, Mgr Delaplace reprit le projet de son prédécesseur : il fit construire des dortoirs, des
salles d'étude et de classe, il fit venir des livres
classiques, des cartes murales ; mais faute d'appui extérieur l'œuvre ne put se développer, et ce
fut encore un échec. Ces efforts réitérés étaient
faits uniquement aux frais de la Mission, tous
les membres, Allemands, Italiens, Hollandais, ne
se souvenaient que de la protection française et
s'associaient à l'œuvre de leurs évêques et de
leurs confrères français.

C'est encore à la Mission seule qu'est due une
troisième tentative. A la fin de 1888, Mgr Ta-
gliabue, qui avait une expérience personnelle
des écoles chinoises, désireux de substituer dans
le collège du Nan-thang aux vieilles routines un
enseignement intelligent, s'adressa à l'un de ses
missionnaires récemment arrivé de Smyrne. Ce
modeste prêtre, l'abbé Capy, doué d'un zèle religieux intense et d'un patriotisme non moins ar-
dent, se mit à l'œuvre avec la discrétion nécessaire pour ne pas effaroucher les parents par des
innovations brusques ; en février 1889, il com-
mença d'enseigner quelques mots de français
pendant les récréations, quelques jours plus tard
des cahiers, des plumes furent distribués, un peu

de temps fut prélevé sur les études ; ensuite un professeur, puis deux furent adjoints au directeur. Si bien que, en juin 1890, celui-ci pouvait annoncer l'existence de trois cours avec une centaine d'élèves ; chaque jour ceux des cours moyen et supérieur consacraient la moitié de leur temps au français et la moitié au chinois. Le français étudié pour lui-même servait aussi à l'enseignement de l'arithmétique, de la géographie, des notions primaires ; il pénétrait pratiquement l'esprit des élèves, les initiait au raisonnement occidental, leur apprenant à penser les délivrait de l'inertie produite par les méthodes chinoises. Le jeune élève chinois est, en effet, condamné à apprendre par cœur des textes qu'il ne comprend pas, à tracer des signes qu'on ne lui explique pas, il n'y a pas d'autres exercices de début, et ce début dure plusieurs années. Au collège franco-chinois, des exercices d'explication étaient ajoutés aux études chinoises habituelles, conservées en partie pour ne pas rendre les élèves étrangers à leur pays, pour leur permettre de concourir aux examens officiels. Dernier trait à noter, les élèves étaient admis sans distinction de culte. Le succès du collège s'affirmant, les prêtres missionnaires ne pouvaient plus suffire à la direction et au professorat ; ils confièrent (mai 1891) l'établissement aux Petits Frères de Marie, en continuant de l'entretenir de leurs fonds ; ils y consacraient la moitié des sommes disponibles pour toutes les écoles du vicariat. Il faudrait dire aussi l'indifférence que le dessein patriotique de la Mission rencontra trop longtemps et sur place et en France.

L'établissement a prospéré ; il a placé dans les consulats, dans les maisons de commerce, dans les entreprises du nord de la Chine un grand nombre de jeunes gens parlant français, instruits à l'européenne. En 1900, il a été ruiné, a eu quatre professeurs tués par les Boxeurs ; il est sorti de ses ruines et il comptait en 1902 deux cent dix élèves. Depuis 1891, dix autres établissements ont été soit transformés, soit fondés et ont été confiés aux Petits Frères de Marie (1) ; ils comptent plus de quatorze cents élèves pour cinquante cinq professeurs français. La méthode est partout la même : l'enseignement primaire européen est donné en français à côté de l'enseignement chinois ; dans deux établissements seulement, collège de Chang-hai fondé en 1880 pour les catholiques portugais et école de Wou-tchhang, la prédominance marquée de l'élément étranger, a réduit la part de la langue française qui est toutefois étudiée deux heures par jour.

Le français est encore enseigné avec les sciences à soixante jeunes Chinois de familles aisées au collège de Zi ka-wei (2) depuis 1898 : les

(1) Péking, Chang-hai (École municipale depuis 1888 et Collège) ; Thien-tsin. Han-kheou. Wou-tchhang, Tchhongkhing, Swei-fou, Tchheng-tou, Canton. Nan-ning. L'école de Canton avait en 1903 188 élèves. En novembre 1903, une nouvelle école a été ouverte à Nan-tchhang.

(2) *Bulletin de l'Alliance française*, 25 octobre 1902.

élèves non chrétiens sont admis ; la Mission des
Jésuites du Kiang-nan, qui hors de Chang-hai a
deux cent quatorze écoles, donne l'enseignement européen primaire dans toutes ses écoles
primaires supérieures, elle a ouvert des écoles
de français à Nanking et à Sou-tcheou (début de
1903), elle projette de créer une université.
Près d'elle et sur le territoire du vicariat, on
trouve cinq ou six maisons d'éducation pour les
jeunes filles européennes, chinoises, eurasien-
nes ; l'une d'elles est soutenue par les municipa-
lités des concessions. Tout récemment quelques
lettrés ont prié un Jésuite chinois de leur donner des leçons de choses européennes ; la Mission a prêté le local et les maîtres ; les lettrés
étudiants, au nombre de cent quatre-vingts présentement, s'administrent et se nourrissent eux-
mêmes ; ils ont appelé cet établissement Université de l'Aurore et ont établi une annexe séparée
pour les femmes.

Les Jésuites du Tchi-li sud-est, dans une région
moins vaste et pauvre, ont fondé une école primaire française à Ta-ming. D'autres écoles franco-
chinoises, dans les vicariats soit des Lazaristes,
soit des prêtres des Missions étrangères, sont
dirigés par les prêtres eux-mêmes : à Ning-po,
Hai-yen, Wen-tcheou (Tche-kiang), Nan-tchhang,
Kan-tcheou, Ki-ngan (Kiang-si), Pao-ting, Tcheng-
ting (Tchi-li). Kwei-lin (Kwang-si), Kwei-yang
(Kwei-tcheou), Kia-ting (Seu-tchhwan). A Chang-
hai, des commerçants musulmansdu Tche-kiang
ont voulu avoir une école spéciale pour leurs

jeunes coreligionnaires ; ils l'ont confiée à un ancien élève de l'Ecole municipale française et y font enseigner le français et le chinois ; les missionnaires français la soutiennent par des dons de livres.

Beaucoup d'écoles franco-chinoises ont été d'abord installées par les Missions ; un établissement étant en bonne voie, on y appelle les Petits Frères de Marie, dont l'institut est voué à l'éducation ; dans l'un et l'autre stade de leur existence les écoles chargent lourdement le budget restreint des Missions. L'école de Canton a été fondée en 1898 avec de l'argent versé par le gouvernement chinois à titre d'indemnité ; depuis lors, d'autres écoles ont obtenu des subsides français ; quelques-unes se suffisent à elles-mêmes. La modicité du traitement des Petits Frères de Marie a permis d'étendre l'effort avec peu de dépenses : un instituteur de cet ordre coûte quinze cents francs par an, un laïque ne se contenterait pas de la même somme par trimestre.

Aussi tous ceux qu'intéresse l'influence française en Chine, sont aujourd'hui dans l'inquiétude : si les œuvres catholiques d'instruction cessant de se recruter en France se remplissent d'étrangers, elles seront pour nous ennemies ou indifférentes, non plus auxiliaires de notre action ; si les Missions françaises et les instituts auxiliaires français ne peuvent subsister, par qui seront remplacés ces humbles serviteurs de la France ? On n'en trouvera pas de plus dévoués ; personne d'ailleurs n'est prêt à les remplacer.

Voici au sujet des écoles catholiques le jugement de M. von Brandt qui ne peut être suspect
de partialité. « L'éducation reçue par les enfants
« y est tout à fait appropriée à la situation et
« aux besoins de la population chinoise et, si
« l'on apprend moins de psaumes et de passa-
« ges de la Bible que chez les protestants, les
« élèves y sont bien mieux préparés » (1).

IV

L'œuvre des Missions protestantes est digne
d'intérêt. Ces Missions sont principalement an-
glo-saxonnes, aucune n'est française ; quelques-
uns de leurs membres ont parfois montré une
vraie charité chrétienne à l'égard des Missions
catholiques ; en général elles nous sont hostiles.
Peu connues des Français d'Extrême-Orient, peu
intimes avec la plupart des fonctionnaires anglais, elles sont difficiles à étudier pour nous,
les documents publiés dans les journaux étant
fragmentaires, les rapports et comptes-rendus
nous demeurant à peu près inaccessibles. Je
rapporterai quelques faits tels que je les con-
nais, mais je n'essaierai pas de mettre dans mes
opinions une impartialité que je crois impos-
sible.

Le Dr Morrison, envoyé par la London Missionary Society, arriva à Canton en 1808, publia la

<hr>

(1) M. von Brandt, *33 Jahre in Ost-Asien*, tome III, p. 95.

traduction chinoise de la Bible en 1818, son célèbre dictionnaire chinois-anglais en 1823. Avant sa mort (1834), il avait été rejoint seulement par trois confrères ; les convertis étaient en nombre infime. L'évangélisation était alors très difficile, la Chine étant fermée ; les missionnaires se consacraient surtout à des travaux préparatoires, étude de la langue, traduction des Écritures, composition de *tracts*. A partir de 1842, les Missions établies dans les cinq ports [Canton, É-moui (A-moy) Chang-hai (1842), Ning-po (1844), Fou-tcheou (1846)] firent du prosélytisme par les moyens surtout littéraires qu'elles avaient en main ; la prédication directe eut alors un moindre rôle ; les communautés peu nombreuses comprenaient quelques lettrés ; pour les retenir ou les attirer, on répandit les notions européennes ; on institua bientôt l'assistance médicale et un enseignement élémentaire de la médecine.

Dès 1849 et 1850, des traités d'anatomie et de physiologie, d'astronomie et de mathématiques sont traduits en chinois avec l'aide de quelques fidèles lettrés. Le développement des œuvres annexes de l'évangélisation s'accorde avec l'esprit pratique des Anglo-Saxons ; caractère distinctif des Missions protestantes, il a persisté. La Morrison Education Society, fondée en 1836, publie un dernier rapport en 1865 ; elle est remplacée par plusieurs autres sociétés. Dès 1838, une Medical Missionary Society, formée d'Anglais et d'Américains, a existé à Canton ;

des hôpitaux sont fondés et publient des rapports depuis 1844 à Chang-hai et É-moui, 1852 à Ning-po, 1864 à Han-kheou, 1861 à Péking.

La propagande des Anglais et des Américains dispose alors de sommes considérables à répartir entre moins de missionnaires et de chrétientés : les œuvres de médecine et d'éducation, très coûteuses, peuvent se multiplier. L'apostolat par la parole ne débute réellement qu'en 1865 ; alors se fonde l'association connue sous le nom de China Inland Mission, qui comprend des ministres de diverses dénominations et de diverses nationalités ; plus tard d'autres sociétés sont entrées dans la même carrière. La prédication n'a pas fait tort aux autres travaux, dix-neuf associations nouvelles étant entrées en Chine entre 1865 et 1888, tandis qu'une vingtaine seulement existaient activement de 1807 à 1865. Il y avait, vers 1888, une cinquantaine de sociétés de propagande protestante, vingt-trois anglaises, douze américaines, sept continentales (Missions de Berlin, Mission rhénane, Mission bâloise, etc.) ; dans le *Chronical and Directory for China Japan*, etc., 1898, je relève le nom de plus de dix-huit cents personnes (1) qui sont rattachées aux Missions protestantes, anglaises, américaines, continentales ; tandis qu'il n'y a pas mille missionnaires catholiques : même en comptant

______

(1) M. von Brandt, *33 Jahre*, etc., III, p. 97, donne pour 1900 le chiffre de 2461, comme celui des personnes au service des Missions protestantes.

les religieuses européennes qui ne sont pas deux cents, l'avantage du nombre est aux Missions protestantes. Tous les membres de celles-ci, par leurs relations, par leur langue habituelle, par leur seule présence, augmentent l'influence de l'élément anglo-saxon.

Ces missionnaires des deux sexes, de diverses nationalités, sont présents dans toutes les provinces jusqu'au Kan-sou, au Hou-nan demeurés longtemps inaccessibles. Ils sont en contact les uns avec les autres, par des réunions fréquentes tenues à Chang-hai ou dans d'autres centres, par la China Missionary Alliance fondée en 1901 (1), ils répandent leurs idées au moyen des traductions (vingt-six millions de pages en 1903) vendues par la Society for the diffusion of christian and general knowledge. Il n'est presque aucune province qui n'ait des journaux et des revues en chinois rédigés sous l'inspiration des missionnaires, ils sont dans l'intérieur les correspondants des journaux publiés dans les ports ; par là ils font l'opinion en Amérique et en Europe. Je ne mets pas en doute la bonne foi de ces informateurs : mais ils ne peuvent juger favorablement ni même comprendre la conduite des

---

(1) Cette association est ouverte à tous les missionnaires, hommes ou femmes, qui ont résidé deux ans dans le pays; elle tient des assemblées pour discuter la politique générale en Chine, les intérêts communs des Missions, etc.; des résolutions sont votées. Un comité exécutif est élu, réside à Chang-hai et représente l'association dans l'intervalle des assemblées.

« continentaux »; ils insistent naturellement sur les faits et les institutions qui les touchent, l'image qu'ils donnent de la Chine est donc doublement fausse; le tableau qu'ils présentent aux Chinois des affaires extérieures, est également anglo-saxon.

Il en est de même dans leurs cours d'instruction. Je n'ai pas la liste de leurs établissements primaires, dirigés souvent par des maîtres indigènes : on en trouve par hasard quelques mentions dans les journaux. Il en existe de fort intéressants, comme le Chefoo Industrial Mission qui date déjà de plusieurs années : cette institution a pour principe de vivre sur ses propres ressources, elle joint à l'évangélisation et à l'instruction proprement dite la formation à divers métiers, les travaux des élèves font en partie face aux frais. Des institutions plus élevées, *schools* ou *colleges*, sont mentionnées au *Directory* dans chaque port ouvert important, à Thientsin, à Tchi-feou, à Fou-tcheou, plusieurs à Chang-hai; il en existe à Thong-tcheou et à Péking, que le *Directory* n'indique pas. Il y a enfin des écoles supérieures, appelées non sans prétention universités. Parmi ces établissements les uns sont privés, d'autres ont obtenu l'appui pécuniaire ou moral des autorités chinoises; d'autres encore ont été fondés par les mandarins qui ont engagé comme professeurs des missionnaires de langue anglaise. Les universités enseignent en anglais, à des étudiants sachant la langue, la théologie, la philosophie, l'histoire, le droit, la médecine, les mathématiques, le génie civil. Chang-hai, le principal centre européen, a plusieurs institutions d'un caractère spécial : l'Educational Association of China s'occupe de multiplier les écoles et les cours. Le Polytechnic Institute prend un nouveau développement depuis quelques années grâce à l'activité du Rev. G. Reid : d'après le dernier rapport, il comprend une école et des conférences sous la direction spéciale du Rev. Reid ; il possède une bibliothèque ; il donne mensuellement pour les adhérents chinois des sujets à traiter, les meilleures compositions reçoivent des prix et sont réunies en volume à la fin de l'année : ainsi sont combinées de ma,ière ingénieuse les méthodes chinoises et européennes. L'Institute est soutenu par des cotisations européennes et chinoises. Le Rev. Reid a cherché en Chine, en Amérique et en Europe des souscripteurs pour une autre fondation, International Institute, il a obtenu quelque argent et plus de promesses. D'après son plan, chaque nation, de ses deniers et avec ses professeurs, entretiendrait à l'Institute un établissement scientifique, musée, bibliothèque, laboratoire, école ; on créerait ainsi un terrain neutre, qui ne serait ni national ni confessionnel et sur lequel on rapprocherait une élite de Chinois et d'étrangers ; cette idée généreuse sera difficilement réalisable en raison de l'esprit envahissant de certaines nationalités. Le Rev. Reid avait d'abord songé à établir son Institute à Péking ; depuis les événements de 1900, il semble se contenter de Chang-hai où un comité s'est fondé ; un terrain a été acquis sur la concession française. Thien-tsin a maintenant un musée et une bibliothèque solennellement inaugurés le 27 février 1904 par le ministre d'Angleterre en personne : cette double institution est une annexe du Saint-John's College, de la London Mission. Hong-kong, territoire anglais, a depuis longtemps pour les Chinois des écoles de tous genres, y compris un collège de médecine et le Queen's College qui est officiel ; une importante société anglo-chinoise s'est fondée récemment pour multiplier les écoles privées qui sont surveillées par le gouvernement et reçoivent des encouragements pécuniaires.

Faute de documents complets et méthodiques, je ne puis donner qu'une idée partielle de l'activité en matière d'éducation des Missions anglaises et américaines (1). La science est toujours

(1) Il est souvent difficile, avec le peu de documents que je possède, de discerner la nature exacte des écoles anglaises en Chine, d'ailleurs la distinction n'y est pas tranchée entre le degré secondaire et le degré supérieur. Ci-dessous la liste de quelques établissements des Missions protestantes ; on trouvera encore beaucoup d'autres noms dans *the Chronicle and Directory for China, Japan, Corea, etc.*, 1 vol. grand in-8, publié annuellement à Hong-kong.

Chang-hai : Saint-John's College Jessfield, institution ancienne et qui paraît prospère ;

Medhurst College, ouvert en mars 1904 ; fondé par la London Mission ; internat ; le programme des études promet autant d'attention aux matières chinoises qu'aux matières européennes ;

Nan-yang College, fondé par de riches Chinois, soutenu

la même au fond, malgré les divergences considérables des théories anglaises et françaises pour le droit civil et international par exemple ; mais la manière de la présenter, le vêtement diffère de l'Angleterre au continent, de l'Europe à l'Amérique. Il n'y a pas à douter que la science anglaise attire les yeux des étudiants vers les pays de langue anglaise ; la France ne peut donc se désintéresser des progrès de l'enseigne-

par la China merchants' C⁰ et par les télégraphes chinois : dirigé par le Rev. Ferguson ; non confessionnel ; cours préparatoires et cours d'université portant sur les matières chinoise et européennes.

Nanking University, privée (médecine, théologie, mathématiques, école préparatoire) ; depuis 1888.

Sou-tcheou : Medical school.

Ngan-khing University ; université provinciale ouverte depuis mars 1904, incomplètement organisée ; professeurs américains ; l'enseignement semble secondaire. Une école de médecine est projetée.

Han-kheou : London Mission College, subventionné par les autorités, ouvert en 1898 (sections normale, médicale, théologique, d'instruction secondaire).

Siang-yang : école de la Mission suédoise américaine.

Tchheng tou : City school, officielle, a des professeurs appartenant à la Mission méthodiste.

Ning-po College, fondation privée chinoise, dirigée par le Rev. R.F. Fitch.

Kia hing : école où l'on enseigne le japonais, l'anglais, les sciences.

Wen-tcheou : nouveau collège de la Methodist free Church Mission, ouvert le 20 octobre 1903.

Fou-tcheou : école de médecine et collège (American Board Mission).

E-moui : Anglo-Chinese College, avec une section normale ; fondé récemment.

ment anglais très sensibles depuis 1898, elle ne doit pas négliger tout ce qui peut étendre le champ de l'enseignement français.

V

Les Missions catholiques protégées par la France et les Missions de langue anglaises sont répandues dans tout l'Empire. Depuis quelques années, les Missions catholiques et protestantes allemandes travaillent activement le terrain spécial du Chan-tong. En octobre 1900 (1), elles avaient des écoles primaires germano-chinoises

Canton Guild School, fondé par les commerçants chinois, ouvert en septembre 1903.

Tsi-nan : collège fondé en 1901 par le gouverneur Yuen Chi-khai pour 300 élèves, dirigé par le Dr Hayes (anglais obligatoire, français et allemand facultatifs).

Imperial Tientsin University, fondée en 1896 par le vice-roi Wang Wen-chao ; cours d'université et cours préparatoire ; président, C. D. Tenney (Américain).

Peking University, établissement privé fondé et dirigé par une union de Missions anglaises et américaines (médecine, théologie, etc.)

Pao-ting University.

Thai-yuen : université mi-chinoise mi-anglaise, fondée avec le concours du gouvernement par le Dr T. Richard à la mémoire des missionnaires massacrés en 1900 dans le yamen du gouverneur.

On peut encore citer des écoles à Tsin kiang, Hang-tcheou, même à Kwei-lin (Kwei tcheou), etc.

(1) *Denkschrift betreffend die Entwickelung des Kiau-tschau-Gebiets.* Berlin, Reimer, in-4 (Voir fascicules parus en 1899 et 1902).

à Kiao-tcheou, Tsi-mo, Kao-mi ; un an plus tard, elles enseignaient à une centaine d'élèves, dans sept écoles, les classiques chinois, les éléments de la langue allemande, les rudiments du programme primaire. Jusqu'à cette date, plus de cinq cents jeunes gens avaient appris un peu d'allemand et étaient employés comme interprètes. La population locale s'intéresse vivement à l'éducation étrangère ; à une souscription pour l'école supérieure sino-allemande elle a versé plus de mille piastres. On vient au début de 1903 de fonder encore deux écoles à Tsi-ning et à Yen-tcheou avec l'appui pécuniaire du gouverneur chinois de la province ; la Mission catholique publie un journal chinois hebdomadaire (*Tsing tau pau*, puis *Tung y pau*) qui a plus de deux mille abonnés.

Pour l'instruction primaire à l'occidentale, la concurrence est de plus en plus âpre ; ce n'est pas trop de toutes les forces françaises pour nous conserver notre rang; la place ne manque pas près des écoles françaises religieuses pour des écoles laïques. De ce type sont celles qui existent près de l'arsenal de Fou-tcheou depuis environ six ans, celles de Khiong-tcheou, de Pak-hoi, de Long-tcheou, fondées la première en 1898, les deux autres en 1900. Il y a des écoles semblables à Mong-tseu et à Tong-hing. Une autre à Yun-nan-fou a été rouverte en février 1902; recommandée par les autorités locales à la population, elle n'a pu admettre les huit cents candidats qui s'étaient présentés, n'étant pas organisée pour un pareil nombre. Selon le plan primitif, elle était destinée à former des auxiliaires pour les ingénieurs de la ligne Hanoi Yun-nan, elle serait donc en même temps qu'une école primaire, une école technique ; un diplôme muni du sceau du vice-roi devait être délivré après trois ans d'études. J'ignore si ce plan a été exécuté ; mais on a déjà parlé de changements dans le personnel enseignant, insuffisant puisqu'il y aurait un ou deux professeurs pour plus de cent élèves. L'instabilité impressionne mal les Chinois : un maître étranger ne réussira que par sa bien-veillance, sa discrétion, sa bonne tenue, il fera peu à peu apprécier ses qualités personnelles : chaque nouveau venu aura à regagner le terrain conquis par son prédécesseur.

Très louable est l'initiative de ceux qui, en novembre 1902, ont ouvert l'École Jules Ferry, destinée à donner aux instituteurs laïques qui vont dans les colonies, des notions sur les langues indigènes, les mœurs, les lois, l'agriculture, l'hygiène. Pour instruire des étrangers, il faut leur parler et ne pas froisser leurs idées ; les maîtres préparés spécialement par la nouvelle école auront avec la bonne volonté la connaissance de leur mission spéciale. Leur compétence leur sera un titre de plus aux yeux de l'administration ; en arrivant à leur destination en Indo-Chine, dans la Chine méridionale ou ailleurs, ils ne manqueront pas d'oublier toutes nos dissensions doctrinales et ils se rappelleront seulement le dévouement dû au nom de la France pour l'agrandir dans les esprits étrangers (1). L'action indirecte par les maîtres, moins rapide, sera plus étendue que celle qui est exercée sans intermédiaire sur les élèves indigènes; l'Ecole Jules Ferry est née de cette idée juste qui a aussi inspiré le dessein de fonder en Chine même des écoles normales pour instituteurs chinois. Aucun établissement français de ce genre n'a encore été créé, alors qu'il existe des sections normales dans divers collèges anglais

Ce n'est pas assez de l'enseignement primaire et de l'enseignement des futurs maîtres : il faut que les élèves deviennent nos auxiliaires non seulement convaincus mais intéressés. L'instruction à l'occidentale doit à une partie d'entre eux une profession : elle doit former des médecins, des techniciens pour l'industrie. Pourquoi quelques-uns de nos jeunes docteurs en médecine n'iraient-ils pas dans quelques centres chinois mettre en œuvre leur science ? Il ne s'agit pas de chercher une clientèle chez les Chinois; il faudrait qu'une organisation intervînt, et, comme les Missions catholiques, à la différence des Missions anglaises, n'ont pas les ressources nécessaires pour s'attacher des médecins à leurs frais, il faudrait que l'impulsion vînt de France. Peut-être les autori-

(1) L'école est située à Paris, rue de Clichy, 72; l'enseignement est gratuit et doit durer en général un an; il porte sur les matières suivantes : législation, sociologie, géographie coloniales, pédagogie des indigènes, agriculture et hygiène coloniales ; langues.

tés provinciales chinoises fourniraient-elles quelque appui : en 1895, un de nos compatriotes, le D' Depasse, fut attaché à l'hôpital militaire de Thien-tsin, et par sa science approfondie, par l'aménité de ses manières, il se fit rapidement une situation exceptionnelle dans le monde officiel de Thien-tsin et même de Péking. Il y avait là un germe d'enseignement supérieur français. A Tchheng-tou, un médecin français envoyé en mission, a su se faire attacher à l'armée du vice-roi, puis a obtenu la fondation d'une école de médecine, qui a été ouverte en mars 1903. Je sais que plus d'une mission médicale a été envoyée dans la Chine du sud, ou y réside encore, soignant les malades et attirant quelques sympathies au nom de la France. Les Missions catholiques n'ont d'ailleurs pas négligé cette action bienfaisante, celle du Kiang-nan par exemple a, près de Chang-hai, avec ses hospices et hôpitaux, ses trois dispensaires, son école de sourds-muets, une petite école de médecine: mais l'enseignement complet n'a pas été jusqu'ici organisé. Les Jésuites, qui ont fondé la Faculté de Beyrouth, trouveraient bien des hommes pour développer leur petite école du Kiang-nan. Aussi ai-je été heureux de voir (1) M. A ·A. Fauvel appuyer de son expérience chinoise l'idée exprimée par moi dès 1899 et recommander la création à Chang-hai d'une Faculté française de médecine.

(1) *Revue politique et parlementaire*, février 1903.

Quant à l'enseignement technique dont l'organisation est ébauchée au Yun-nan, il a aussi été entrepris par les Russes à Péking, par les Allemands à Tshing-tao. L'École de langue russe, annexe aux chemins de fer chinois de l'Est, a été fondée en 1899 et ouverte de nouveau après les troubles, en mai 1901 : les études durent trois ans, portent sur le russe, l'histoire et la géographie de la Mantchourie, l'arithmétique. La première année, l'école a eu quarante élèves, deux professeurs russes, deux professeurs adjoints chinois ; pour 1902 elle devait recevoir soixante élèves dirigés par trois professeurs et trois professeurs adjoints. Les élèves, soumis à des examens trimestriels, sont destinés à former le personnel du chemin de fer (1). L'École officielle germano-chinoise, de Tshing-tao, fondée en 1900, n'admet que des jeunes gens chrétiens et ayant fait des études chinoises; les élèves, au nombre de vingt environ, sont formés pendant un an à la langue allemande parlée et écrite, au calcul, à la télégraphie, au service du chemin de fer. Ta-pao-tao a aussi des cours d'allemand suivis par une vingtaine de jeunes commerçants chinois (2).

VI

Les Occidentaux ne sont plus seuls aujourd'hui

(1) Extrait du règlement de l'École.
(2) *Denkschrift betreffend die Entwickelung des Kiantschau Gebiets.* Berlin, Reimer, in-4 (fascicules parus en 1900 et 1902).

à diriger la Chine dans des voies nouvelles, le Japon s'est mis à la même œuvre avec de grandes chances de succès. La langue chinoise, bien que très différente du japonais, s'écrit en partie avec les mêmes caractères ; la civilisation chinoise a longtemps dominé le Japon, si bien que tout homme instruit lit le chinois, est familier avec les idées chinoises. Rompu aux méthodes européennes par un système d'instruction qui est calqué sur les programmes occidentaux, le Japonais d'aujourd'hui réunit en lui deux civilisations, est tout prêt à servir d'intermédiaire entre la Chine et l'Occident. Une association existe depuis quelques années au Japon pour faire fructifier ces avantages naturels : le Tòa dòboun kwai, patronné par le duc Konoé, s'est donné pour but de rassembler et de publier toutes les informations sérieuses relatives à la Chine et à la Corée afin d'amener un rapprochement avec ces deux pays. Le Tòa dòboun kwai use de la presse et de l'éducation ; il a fondé à Fou-tcheou une école, Tòboun gakoudò, où cent cinquante-quatre Chinois étudient le japonais, les sciences en général, l'histoire, l'économie politique. Une subvention est versée par le gouvernement provincial qui reconnaît une valeur officielle au diplôme de l'école. Swa-tao a une école analogue plus récente. La même association entretient à Chang-hai une école où cent cinquante étudiants japonais étudient en trois ans la langue et les questions chinoises ; sur les étudiants présents en 1902, cent quarante-deux se desti-

naient au commerce, vingt-sept à la politique (1).
Là ne se borne pas l'activité des Japonais A
Pao-ting ils ont depuis octobre 1902 un collège
japonais-chinois avec dix professeurs de chaque
nationalité : l'enseignement est conforme aux
programmes de Tôkyô. Plus récemment ils ont
ouvert avec quatre professeurs japonais, une
école d'agriculture pour quatre-vingts élèves.
D'autres écoles japonaises-chinoises existent à
Tsin-kiang, à Hwai-ngan; le japonais est enseigné à Kia-hing. A Nanking, le collège provincial, San kiang normal College, dont la construction est achevée (mars 1904), aura pour corps
enseignant des Chinois et des Japonais. Enfin
onze cent soixante-six Chinois, dont huit jeunes filles de bonne famille, étaient comme étudiants au Japon en 1903; il n'y en avait l'année
précédente que deux cent soixante-quatorze ; au
début de 1904 on en indique mille soixante-
treize (2), mais plus de quatorze cents en
avril (3).

VII

Le gouvernement chinois même est gagné par
cette fièvre d'instruction. Pendant plus de trente
ans, il s'était contenté des deux Thong-wen
kwan. L'un à Péking était placé depuis 1862 sous

(1) *Japan Weekly Mail*, 22 novembre 1902, p. 576.
(2) *Japan Weekly Mail* 30 janvier 1904, p. 120.
(3) *Hwei-pao*, 13 avril 1904, p. 543.

la surveillance du Tsong-li yamen ; il avait un corps de professeurs étrangers et d'assez nombreux élèves payés pour étudier les sciences exactes, le droit, les langues; l'habitude de pensionner les étudiants de sciences étrangères était générale dans cette période; les étudiants du Thong-wen kwan à demi fonctionnaires étaient destinés à former des interprètes officiels; les uns ont réussi, les autres se sont contentés de recevoir leurs appointements pendant de longues années sans rien apprendre ; la méfiance du gouvernement semblait égale pour tous, pour cause de contamination étrangère. Dans l'autre Thong-wen kwan, à Canton, on n'enseignait en 1898 que l'anglais, le russe et le japonais.

Les réformes tentées en 1898 par l'Empereur portaient, on s'en souvient, en partie sur les examens et l'instruction. L'Université créée alors, sans attendre la fondation des écoles moyennes et inférieures prescrites par le même décret, devait embrasser la totalité des sciences européennes et ne pas négliger l'étude de la Chine. Elle survécut au coup d'état de septembre 1898, ouvrit dans des locaux provisoires des cours de langues,dès le mois d'octobre, des cours de médecine un mois plus tard. Dans les premiers mois de 1899, elle comptait cent soixante élèves avec huit professeurs, deux pour l'anglais, un pour l'allemand, un pour le *français et la gymnastique,* un pour le russe, un pour le japonais ; la médecine était enseignée par un

Anglais. La direction de l'Université appartenait, sous la haute surveillance d'un grand secrétaire Swen Kia-nai nommé recteur, au Dr W. A. P. Martin, un Américain qui a long temps présidé le Thong-wen kwan de Péking. Pendant six mois la prétendue Université (le nom est ambitieux pour six cours de langues vivantes et un cours de médecine) ne fit pas parler d'elle ; au mois de juin les appointements des professeurs et les autres crédits furent rognés par ordre de l'Impératrice douairière qui conservait sans doute une sympathie modérée pour ce reste des réformes antérieures à son coup d'état. On vécut petitement, on résista même à la crise de 1900. Mais au début de 1902 le gouvernement, fort sagement, remarqua que l'Université faisait double emploi avec le Thong-wen kwan ; de plus à l'issue du siège de Péking le Dr Martin avait fait et publié des déclarations virulentes contre la dynastie mantchoue, attitude bizarre pour un fonctionnaire. Plusieurs décrets successifs nommèrent ministre de l'Instruction et chancelier de l'Université, Tchang Po-hi, fonctionnaire très lettré, prescrivirent la réunion des deux établissements mentionnés, puis licencièrent le directeur et les autres professeurs, à la grande indignation des Missions protestantes auxquelles le Dr Martin a appartenu au début de sa carrière. Autre sujet de mécontentement, les grades conférés par les collèges et universités des Missions ne furent pas reconnus par la nouvelle Université. Pour l'organisation de celle-ci un plan complet élaboré par Tchang Po-hi fut présenté au Trône; il examinait la question des revenus à assurer à l'Université, des locaux à préparer, des collections et bibliothèques, des méthodes d'enseignement, des bureaux pour traduire et rédiger les ouvrages relatifs aux sciences européennes (mars 1902). Le programme des examens d'entrée (anglais, géographie, histoire, mathématiques, éléments de droit chinois) à passer chaque année en septembre a été indiqué en mai, l'Université a été ouverte en février 1903 avec plusieurs professeurs japonais auxquels de nouveaux ont été ajoutés depuis lors; la place faite à la France paraît fort petite. Au milieu de 1903, l'Université fut divisée en cinq sections, anglaise, russe, allemande, française, japonaise; cette organisation bizarre était tenue pour provisoire puisque, moins d'un mois après (27 juin), un décret chargea Tchang Po-hi, recteur et ministre de l'Instruction, et Tchang Tchi-tong, ex-vice-roi du Hou-kwang, de présenter un rapport sur l'organisation de l'enseignement. De là sortit (décret de janvier 1904) une refonte en quatre sections, morale et philosophie, langues étrangères, droit et sciences politiques, histoire et belles-lettres: on se demande où prennent place les sciences exactes. Dans la nouvelle répartition, l'étude des classiques chinois reçoit plus de développement que dans le règlement primitif; on espère sans doute calmer par des doses plus fortes de la sagesse antique l'esprit inquiet qui paraît depuis quelque temps chez les étudiants chinois. Au Japon ceux-ci rencontrent les exilés réformistes, voient l'indiscipline habituelle des étudiants japonais, à leur exemple s'occupent de politique ; ceux de Khaifong, ceux de Hang-tcheou se mettent en grève à propos des fonctionnaires des Universités locales ; ceux de Péking protestent de la même manière contre un professeur. Aussi l'un des derniers projets de Tchang Tchi-tong règle la surveillance des étudiants chinois au Japon, soumet à des conditions rigoureuses les étudiants libres aussi bien que les pensionnés du gouvernement (1). Ces nouveaux règlements viennent à la suite des faits de 1903, fermeture de salles où s'étaient tenus des meetings populaires, fermeture de quelques bibliothèques publiques (2), procès des journalistes du Sou-pao.

L'une des charges qui incombent présentement à Tchang Tchi-tong pour organiser l'instruction publique, c'est de concilier le nouveau système avec les anciens examens. L'ex-vice-roi a proposé de faire encore deux ou trois sessions réglementaires de ces examens pour permettre de caser les lettrés de mérite formés d'après l'an-

(1) *Bulletin de l'Ecole française d'Extrême-Orient*, 1903, p. 760.

(2) Diverses bibliothèques publiques ont été ouvertes récemment à Tchheng-tou, Lo-chan, Ho-kiang (1902 ou 1903), Yi-tchhang (1904) ; dans une, au Tche-kiang, on se propose d'instituer des conférences. Ces fondations, les unes privées, les autres semi-officielles, sont totalement étrangères aux habitudes chinoises.

cien système; toutefois à chaque session on réduirait le nombre des admissions. Ensuite on organiserait de nouveaux examens pour les diverses branches des études. En attendant, au concours de licence de 1902, on a supprimé la vieille rhétorique dite *wen-tchang* et donné à traiter des sujets d'économie politique et d'histoire, on a décidé que les docteurs promus en 1903 étudieront trois ans à l'Université de Péking : ce sont souvent des hommes faits, pères de famille, parfois des vieillards qui seront sur les bancs avec des jeunes gens et seront soumis à la stricte discipline de l'Université. Le gouvernement a aussi dès 1900 projeté de ressusciter un ancien examen spécial accessible, en dehors de tout grade, à ceux qui étaient présentés par les autorités provinciales; on comptait ainsi découvrir des hommes de mérite restés étrangers aux cadres officiels. Cet examen, dit cette fois « examen spécial de questions politiques et écono-« miques », a fonctionné pour la première fois l'an dernier : parmi les lauréats il s'est rencontré des réformistes ardents, et le gouvernement a trouvé un moyen pour les casser.

Un plan général d'instruction publique prescrivait (décret du 14 septembre 1901) d'ouvrir une université par province, un collège par préfecture; dans ces établissements les sciences occidentales devaient être enseignées. Ces réformes un peu vastes commencent d'être appliquées : Thai-yuen, Pao-ting, depuis le mois de juillet 1902, Khai-fong depuis le mois de décembre, ont des établissements appelés universités ; le dernier (quatre-vingts élèves) aurait quatre professeurs chinois, deux pour l'anglais, deux pour le français, les deux autres dépendent en partie des Missions anglo-américaines. A Yun-nan-fou l'Université doit être ouverte actuellement, elle s'est assuré le concours de bons professeurs chinois dont un a étudié à Paris. A Tchheng-tou on projette un collège provincial ; une école primaire déjà ouverte a engagé un missionnaire méthodiste. Nanking, où Tchang Tchi-tong a établi (février 1903) un bureau de l'instruction publique pour les trois provinces du Kiang, va ouvrir son Université pour les trois provinces (cinq cents élèves pour le Kiang-sou, deux cents pour le Ngan-hwei, deux cents pour le Kiang-si). L'école provinciale du Hou-pei comprend cinq sections, droit international, art militaire, droit civil et pénal, littérature, mathématiques. Hang-tcheou, Sou-tcheou ont depuis plusieurs années des écoles occidentales appelées parfois universités. Dans des villes moins importantes, Thong-tchhwan par exemple, les notables ouvrent à leurs frais des écoles secondaires ; une fondation de ce genre à Fong-hwa a causé une révolte locale, la population se refusant à laisser installer l'école dans un temple. A Han-kheou, les mandarins subventionnent le London Mission College. Le Chan-tong s'est distingué par le nombre de ses écoles et académies à l'européenne ; le gouverneur Yuen Chi-khai y a le premier, à la fin de 1901, fondé un collège provincial. Confié à des missionnaires anglo-américains, ce collège (trente élèves) promettait de bons résultats, quand des difficultés se sont élevées avec les nouvelles autorités provinciales relativement au culte de Confucius : on voulut imposer à tous les élèves d'y prendre part, les chrétiens s'y refusèrent et furent exclus ; le principal, le Dr Hayes, missionnaire, s'est retiré au début de 1903. Dans sa nouvelle résidence à Thien-tsin, le vice-roi Yuen Chi-khai a fondé un collège provincial, comme il avait fait à Tsi-nan ; avec raison, il trouve les universités prématurées de toutes façons et veut d'abord établir des écoles primaires et secondaires complétées selon les besoins par des cours supérieurs ; il s'appuie volontiers sur les missionnaires anglo-américains.

Les autorités de Wou-tchhang viennent de lancer une proclamation (mars 1904) qui indique la même idée juste : réformer d'abord l'instruction élémentaire pour préparer des élèves à l'enseignement supérieur. Le préfet annonce l'intention de supprimer toutes les écoles privées, la capacité des maîtres y étant fort douteuse ; elles seront remplacées par des écoles publiques au nombre de soixante, on prendra comme professeurs ceux des anciens maîtres qui auront satisfait à un examen, quelques-uns de ceux-là feront un stage dans une école normale. L'enseignement sera complètement nouveau, de caractère pratique, la fréquentation de l'école sera obligatoire et gratuite. Cette proclamation est trop récente pour qu'on puisse y voir autre chose que de bonnes intentions ; une pareille réforme se heurtera naturellement à l'opposition des maîtres d'école et de la plupart des familles.

Au Chan-si, en partie sous l'influence du Rév. T. Richard, appelé, comme je l'ai dit plus haut, à organiser l'Université d'accord avec le gouverneur, un plan général d'instruction a été élaboré. L'Université a été ouverte en juin 1902 avec une section chinoise pour deux cents étudiants et une section occidentale pour deux cents étudiants ; cette dernière a six professeurs étrangers et huit professeurs chinois : les études portent sur l'anglais, le chinois, géographie, histoire, physique, mathématiques, chimie, physiologie, dessin, gymnastique. Une section préparatoire (cent étudiants) est annexée. La capitale de la province a en outre un bureau pour la direction de l'instruction, un collège pour les Mantchous, un collège de droit pour les fonctionnaires en expectative, un collège agricole. L'instruction secondaire est donnée dans la province par huit écoles moyennes, où l'on étudie la morale et les classiques chinois, la composition en chinois, l'histoire et la géographie de la Chine, les éléments des sciences ; l'anglais y est obligatoire, le français et le japonais sont facultatifs (durée des études : quatre ans). Quatre-vingt-une écoles élémentaires donnent en trois ans les rudiments de la même instruction (1).

_____

(1) *North China Herald*, 18 décembre 1903, p. 1296.

On s'est occupé aussi des écoles spéciales. Hang-tcheou a depuis 1897 une école de sériciculture qui fournit des élèves et qui commence à influer sur l'élevage de la région ; il était question, en 1902, que la direction passât aux Japonais, les autorités à court d'argent se désintéressant de l'établissement. La fondation d'écoles industrielles a été conseillée (janvier 1902). Le gouverneur de Péking en a ouvert une à l'aide de dons privés (mars-avril 1903) ; on signale à Péking une école des mines avec deux sections, l'une russe, l'autre anglaise (mai 1903), à Nanking une école industrielle ouverte le 7 août (1903) et projetée déjà par le feu vice-roi Licou Khwen-yi ; au Hou-pei une école des mines était en projet en 1903. Tchhang-cha a une école de médecine fondée par le gouverneur et dont le Dr Keller est doyen ; Péking a une école de médecine dont l'installation inachevée encore se fait aux frais d'un riche Chinois du sud.

Péking, diverses provinces ont maintenant des écoles normales. Des écoles primaires ou supérieures sont fondées de toutes parts, même au Hou-nan ; une école pour les jeunes filles mantchoues de Péking avec des maîtresses japonaises et américaines, est protégée par l'Impératrice douairière et par diverses princesses ; le prince mongol des Kharatchin fait venir une maîtresse japonaise pour les jeunes filles des principales familles de sa tribu, pour l'école déjà existante des garçons il fait traduire divers ouvrages et achète à Chang-haï des livres d'instruction occidentale. Le prince de Sou, de la famille impériale, a fondé à Singapour une école de langue mandarine pour les Chinois de la région, à Péking (fin 1901) tout un cours d'instruction occidentale pour les Mantchous : 1° huit écoles primaires pour vingt élèves chacune ; 2° une école secondaire pour quatre-vingts élèves (chinois, mantchou, anglais, histoire, géographie, mathématiques) ; 3° une école supérieure pour vingt élèves (même programme, études plus élevées) (1).

Le mouvement pour l'instruction occidentale existe dans toutes les provinces, dans toutes les classes ; en face de l'action officielle l'initiative privée s'affirme. Mais tout est très confus, les projets s'opposent les uns aux autres, on commence partout à la fois et sans ordre ; faute d'argent ou de persévérance, on abandonne des établissements projetés, ou l'on restreint l'importance de ceux qui sont déjà ouverts. On rencontre aussi des difficultés diverses de nature et de gravité que j'ai signalées en passant : l'opposition des lettrés et des maîtres d'écoles, l'esprit turbulent que les étudiants puisent chez les jeunes Japonais, la question de l'admission des étudiants chrétiens et du culte de Confucius.

(1) Le *North China Herald* du 31 mars 1904, p. 659, signale encore à Hang-tcheou la formation d'une association de notables, Chinese educational association, pour le développement de la culture occidentale.

On n'a d'ailleurs présentement ni les élèves ni les professeurs qu'il faudrait ; pour les élèves, la formation à partir de l'école primaire s'impose, Yuen Chi-khaï et quelques autres l'ont compris ; pour les professeurs, on s'est adressé partout où l'on a pu, aux missionnaires des diverses confessions, aux Japonais ; ceux-ci sont de plus en plus en faveur parce qu'ils coûtent moins cher que les professeurs engagés en Europe ou en Amérique. Le gouvernement chinois s'imagine que n'importe quel Européen est en état d'enseigner les sciences d'Europe, et aussi que les Japonais ont extrait déjà toute la substance de ces sciences ; souvent il n'a ainsi que des éducateurs inférieurs ; il ne comprend pas que, pour avoir des résultats solides, il·faudrait de bons maîtres et que ceux-ci ne viendront que moyennant des avantages sérieux. Les Japonais ont-ils présentement, assez pour en exporter, des maîtres imbus des habitudes scientifiques ? chez les Américains mêmes, les méthodes de travail ne pèchent-elles pas souvent par manque de profondeur ?

D'un autre point de vue, il faut le répéter, la France ne saurait se désintéresser de l'éducation de la Chine, elle y a marqué une empreinte encore légère qu'il faut fixer. Il faut que les Chinois apprennent à regarder vers nous pour trouver la clarté et la précision qui leur manquent ; les relations intellectuelles font naître des contacts et des sympathies dont la portée pratique ne doit jamais être oubliée.

J'ai tâché dans les paragraphes précédents de tracer le tableau, et j'y ai laissé bien des lacunes, du travail considérable fait en Chine, de l'intérieur et de l'extérieur, pour renouveler les idées du pays. On ne peut encore prévoir ce qui sortira de ces essais ; on peut du moins distinguer, sous l'influence et à côté de l'idée d'instruction occidentale, des tendances toutes nouvelles, ainsi la préoccupation de la condition féminine, ainsi le sentiment de l'unité chinoise de Péking à Singapour et jusque chez les Mongols ; on peut affirmer que pareille élaboration d'idées laissera des traces et que peut-être des surprises attendent nos successeurs.

VIII

En Corée, le terrain est moins vaste ; les efforts étrangers, appliqués depuis un temps plus court, ont donné un résultat plus apparent, non pas plus considérable : l'intelligence éveillée du Coréen accueille les idées nouvelles, son caractère souvent faible et léger ne s'y attache pas. Les prêtres des Missions étrangères avaient, peu après leur entrée dans le pays, vers le milieu du siècle, commencé de former des séminaristes et de leur donner une instruction scientifique en même temps que religieuse : les massacres de 1866 anéantirent presque la jeune Eglise coréenne qui dut vivre cachée. Seulement après les traités, les missionnaires purent, déguisés d'abord en Coréens, reprendre leur œuvre. Les orphelinats où l'on enseigne aux enfants la langue coréenne, un métier, la couture et la tenue du ménage pour les filles, tiennent une place d'honneur ; un petit et un grand séminaire ont été établis ensuite. Dès 1888, la Mission enseigna le français à quelques Coréens qui sont devenus pour la légation de France d'utiles auxiliaires. En janvier 1896, fut fondée une école laïque, dont le directeur français avec des adjoints coréens enseigne les éléments scientifiques et la langue française ; assez rapidement on y a atteint le chiffre moyen de cent élèves. Une école russe analogue date de mai 1896 ; l'école anglaise avec deux professeurs anglais et environ cent dix élèves remonte à novembre 1894. En 1898, le gouvernement coréen a engagé un Chinois de Péking pour enseigner la langue dite mandarine ; en effet, si le chinois est étudié partout, employé à la correspondance et à la rédaction de toutes sortes d'ouvrages par tous les lettrés, le peuple l'ignore ; d'ailleurs le chinois littéraire diffère beaucoup de la langue mandarine.

Les Japonais, en matière d'éducation comme pour le commerce et la politique, déploient une grande activité ; rapprochés des Coréens par le voisinage et par une certaine communauté de civilisation, ils sont pour la population en général l'objet d'une antipathie profonde qu'expliquent les rapports historiques des deux nations. En 1890, ils ont fondé une école dirigée par des professeurs gradués au Japon et qui a une centaine d'élèves. Le Tôa dôboun kwai, dont j'ai parlé plus haut, réunit plus de trois cents étudiants dans ses établissements de Hpyeng-yang, Syeng-tjin, Kang-kyeng, Tai-kou, Séoul. Une autre école a été fondée depuis plusieurs années par la Japanese foreign educational society, association religieuse ; on y enseigne en japonais les sciences occidentales, on y étudie aussi le coréen vulgaire, le japonais, les classiques chinois : alliance étrange du prosélytisme protestant avec la propagande nationale japonaise. L'influence du gouvernement de Tôkyô sur la Cour de Séoul a décidé une première organisation de l'instruction publique : cinq écoles, dites principales, ont été fondées et reçoivent chacune cent ou cent cinquante élèves ; une école normale pour cinquante élèves leur est superposée (ouverte en 1895), on y étudie l'histoire, l'arithmétique, la géographie, le coréen vulgaire, le chinois, les classiques chinois ; un professeur est japonais, deux sont coréens.

Les missionnaires américains ont trouvé dans le pays un terrain d'autant plus favorable que le gouvernement a été long à pardonner aux missionnaires catholiques de les avoir massacrés en 1866. Les Missions presbytérienne et méthodiste épiscopale rivalisent de zèle : presque en même temps (1883-1884) elles ont inauguré l'œuvre médicale (médecins et dispensaires) et l'œuvre d'éducation. Leur école d'interprètes est reconnue par le gouvernement depuis l'origine (1883); on y enseigne l'anglais, l'économie politique, le droit international ; elle a une centaine d'élèves en moyenne. Une autre institution, qui donne plutôt l'instruction secondaire, est le Paichai College, fondé depuis 1887 et soutenu par le Roi (aujourd'hui Empereur) ; à des études d'anglais, d'histoire, de sciences, les élèves joignent l'apprentissage d'un métier; depuis 1895, le gouvernement envoie des jeunes gens à ce collège. En 1897, les mêmes Missions ont fondé une école normale qui reçoit trente élèves et de plus prépare les livres de classe pour les écoles primaires. Il faudrait signaler encore des écoles primaires, écoles de filles, école médicale, cours d'adultes.

Aujourd'hui, dans le monde de la capitale, une teinture des choses d'Europe est très répandue ; au fond les notions sont les mêmes pour tous, mais elles portent la marque de leur origine russe ou japonaise, française ou anglo-saxonne. Chez beaucoup de fonctionnaires de degré moyen, il n'y a qu'un vernis, mais il est à la mode et on l'adopte. Il faudra du temps encore pour que les idées étrangères aient une prise sérieuse sur ces caractères mous.

IX

Dans l'empire d'Annam, avant l'intervention française, les persécutions, la situation précaire des Missions n'avaient pas permis d'introduire les études occidentales ; il fallait avant tout vivre caché ; plusieurs vicariats étant d'ailleurs confiés aux Missions espagnoles, il y avait peu à en attendre pour la culture scientifique. Les troubles endémiques au Tonkin et avant et après la conquête y ont entravé l'introduction d'écoles françaises ; les traités ayant maintenu en Annam l'administration indigène, l'ancienne organisation de l'instruction y est restée unique encore plus longtemps.

La Cochinchine a été soumise la première ; en 1861, les mandarins, c'est-à-dire à la fois l'aristocratie et les fonctionnaires, abandonnèrent les provinces conquises pour se retirer dans le pays resté indépendant ; la désorganisation fut complète. Les écoles des villages, des districts disparurent, l'enseignement indigène fut ruiné ; il ne semble pas qu'on l'ait regretté, on pensait qu'ainsi la rupture deviendrait plus complète entre notre possession et le royaume voisin, on ne prévoyait pas les dangers inhérents à la disparition de la morale, des cadres sociaux traditionnels. D'ailleurs les inspecteurs des affaires indigènes et, après 1873, les administrateurs n'eurent pas trop de tous leurs soins pour défendre et pacifier le pays, réorganiser les finances, la justice, mettre de l'ordre dans la colonie.

Un arrêté du 17 mars 1879 organisa l'instruction publique. Il constate l'existence pour les indigènes de plusieurs écoles libres ou subventionnées qui demeurent autorisées : ce sont le collège et les écoles des Missions, l'Institut Taberd dirigé par les missionnaires, le Collège d'Adran tenu par les Frères de la Doctrine chrétienne, les écoles pour les filles des Sœurs de Saint-Paul de Chartres. Le même arrêté reconnaît aussi la présence d'écoles indigènes libres, dites écoles de caractères chinois, et il institue des primes pour les maîtres qui joindraient l'enseignement du français et du *quoc-ngu*. On a, par abus, donné ce dernier nom à la transcription de l'annamite en caractères latins marqués de signes diacritiques ; utile comme système de transcription, c'est-à-dire pour donner approximativement le son des caractères indigènes, le *quoc-ngu* sortait de sa place, devenait dangereux par son insuffisance, lorsqu'on voulait le substituer aux caractères : l'annamite a des homophones que le caractère distingue, le chinois, langue écrite de l'Annam, abonde en mots de même son ; une transcription phonétique appauvrit la langue, la prive de ses nuances, la rend impropre à tout sujet technique. Mais le caractère idéographique a presque toujours effrayé les Européens ; plutôt que de l'étudier, ceux ci ont trouvé plus simple de l'écarter comme encombrant. De cette erreur fondamentale, qui n'est pas particulière à l'administration de Saigon, la Cochinchine souffre encore tandis que le *quoc-ngu* règne en maître dans l'administration, dans les écoles, dans les tribunaux.

L'arrêté de 1879 garde encore quelque discrétion : toutefois dans l'enseignement facultatif et gratuit alors institué, le français, l'arithmétique et le *quoc-ngu* reçoivent la plus grosse part des heures de classe, aux dépens des caractères chinois, langue littéraire du pays ; il en est à peu près de même dans les écoles du premier degré et dans celles du second degré. Les premières doivent être au nombre de vingt, les autres au nombre de six pour toute la colonie. Un brevet ordinaire, décerné après examen aux élèves du second degré, un brevet supérieur, obtenu après d'autres cours et un nouvel examen, donnent dans des conditions différentes accès à quelques postes dans l'administration et aux fonctions de maître d'école. Ainsi on cherche à assimiler les indigènes en les sevrant du contact avec leur civilisation traditionnelle et en leur promettant des places dans les bureaux de la colonie (1).

La situation de l'enseignement, telle qu'elle est décrite par M. Dislère en 1886 (2) est encore plus accentuée ; dans les trois degrés d'enseignement les sciences tiennent une grande place ; mais le premier rang est toujours donné au français, lecture, écriture, conversation, *narration*, *littérature* ; le *quoc-ngu* trône depuis

---

(1) Voir Laffont et Fonssagrives, *Répertoire alphabétique de législation et de réglementation de la Cochinchine*, 7 vol. in-folio. Paris, 1890.

(2) *Traité de législation coloniale*, 1re partie, art. 570, 1 vol. In-8. Paris, 1886.

l'examen d'entrée pour les écoles du premier degré. On était allé (arrêté du 14 juin 1880) jusqu'à obliger tout canton à entretenir à ses frais une école de *quoc-ngu*. Après dix ans d'études, le jeune Annamite ne devait plus connaître sa langue ni sa littérature.

Ce n'est là qu'un des exemples de la politique trop longtemps suivie en Cochinchine à l'égard de toutes les institutions indigènes ; le résultat en a été l'abaissement de la moralité, la désorganisation, résultat trop facile à atteindre après la disparition de toute aristocratie. Des doléances justifiées ont souvent été entendues à ce sujet ; la difficulté est de rétablir ce qui a disparu.

La première décision relative à l'organisation de l'enseignement français au Tonkin fut prise par le général Brière de l'Isle, le 12 mars 1885 ; elle prévoyait la création d'écoles primaires de français (1). Paul Bert décida plusieurs mesures importantes qui purent à peine commencer d'être appliquées avant sa mort ; c'est de lui toutefois que date en réalité l'enseignement franco-annamite ; quelques-unes de ses meilleures idées, négligées pendant plusieurs années, ont heureusement pris corps depuis quatre ou cinq ans. Dans l'enseignement organisé vers

____

(1) L'enseignement gratuit et facultatif est tout orienté vers le français ; on y fait même place à l'histoire de France. — Voir Ganter, *Recueil des lois, décrets, arrêtés, etc. en vigueur en Annam et au Tonkin*. 1 vol. in-folio. Hanoi, 1891.

1887 pour les indigènes, on doit déplorer la place secondaire faite au chinois et à la morale traditionnelle, l'importance excessive du français et de la romanisation de l'annamite. Celui qui sait seulement parler, qui n'est pas capable de lire un texte chinois, est aux yeux du peuple un ignorant : il est méprisé comme tel, qu'il soit indigène ou européen (1).

Les écoles franco-annamites ont un programme spécial approprié aux besoins des indigènes et dans lequel la langue française qui constitue la base des études, n'exclut cependant ni l'annamite ni même le chinois usuel. Deux opinions étaient en présence. Les uns préconisaient l'enseignement de la langue française dans tous les milieux et pensaient que nous devions poursuivre le rêve de l'assimilation de la race par la langue. Les autres professaient qu'il était préférable de laisser les indigènes à leurs mœurs et de n'enseigner le français qu'à ceux qui en pourraient avoir besoin pour servir leurs intérêts et les nôtres (2). M. Doumer s'est rangé à cette opinion. Le nombre des écoles franco-annamites a été augmenté, mais les établissements ont été localisés aux centres où l'élément français est

(1) Voir G. Dumoutier. *L'enseignement franco-annamite à l'Exposition universelle de 1900*, 1 plaq. in-4, Hanoi, 1900.

(2) *Situation de l'Indo-Chine* (1897-1901). Rapport de M. Paul Doumer, gouverneur général. Hanoi, 1902, 1 vol. in-4. Voir pp. 411, 413, 408, 103, 107, 111, 431.

assez nombreux pour créer de nouveaux besoins chez les indigènes. « Le développement agricole, « commercial, industriel du Tonkin a ouvert de « nombreux débouchés aux indigènes parlant le « français. La colonie chinoise entretient dans « chacune de nos écoles un fort contingent d'élè- « ves. Une association de nos anciens élèves « s'est donné pour mission de nous aider dans « notre tâche et a ouvert des écoles et des cours « dans un certain nombre de localités. La langue « française a été portée jusqu'aux parties recu- « lées du pays ; les chefs thai ont envoyé leurs « enfants à Hanoi ».

Les mêmes idées sont appliquées présentement dans les territoires militaires. « Les crédits mis « annuellement à la disposition des territoires « au titre de l'instruction publique, doivent être « employés tout d'abord à l'entretien d'écoles « destinées à former : 1° les mandarins et fonc- « tionnaires indigènes... ; 2° les interprètes de « langue chinoise... ; 3° les ouvriers d'art... « Comme il importe de relever le niveau intel- « lectuel et moral des mandarins de la haute « région, il est nécessaire de rétablir progressi- « vement l'enseignement annamite ». Les écoles d'interprètes de chinois forment, pour remplacer les interprètes du cadre de la Résidence supé- rieure, des jeunes gens du pays ; comme le nom- bre des postes d'interprète est limité, le nombre des élèves doit être aussi limité ; il est sans intérêt que dans chaque poste on apprenne quelques mots de français à des jeunes gens ;

« il n'y aura lieu de conserver que les écoles franco-annamites énumérées ci-après... » (1).

Au Laos comme au Tonkin, l'enseignement a été introduit pour une élite, c'est là le principe important. Depuis le mois de juin 1898, les candidats aux examens triennaux annamites pouvaient être interrogés sur le français ; à partir de 1903, ils sont obligatoirement soumis à cette épreuve ; une école spéciale de français a été ouverte à Nam-dinh pour les étudiants qui préparent les examens indigènes ; trente élèves, choisis parmi les fils de mandarins et les lauréats des examens triennaux, étudient à Hanoi (école des *hau-bo*), depuis janvier 1897, le français et les éléments de la géographie, de l'arithmétique, des sciences physiques ; l'école des *quoc-hoc*, analogue à la précédente, a été organisée à Hué.

La connaissance du français et des sciences devient ainsi en Annam et au Tonkin le couronnement nécessaire de l'instruction indigène, mais on n'a pas cherché à détruire l'éducation morale traditionnelle ni à rompre le lien entre les lettrés et la royauté toujours respectée. «Jamais les con-
« cours de Nam-dinh n'ont revêtu plus d'éclat et
« provoqué une affluence plus considérable que
« cette année même... — Plus de douze mille
« candidats se sont précipités dans l'enclos des
« examens pour traiter les sujets de composition
« envoyés par la Cour de Hué. — Le peuple an-

(1) Note de service de M. le Général Coronnat ; voir *Bulletin du Comité de l'Asie française*, 1903, p. 387.

« namite n'a rien perdu de son attachement pour
« son enseignement classique; il faut nous en
« féliciter, car cette tradition est une force poli-
« tique dont notre influence n'a qu'à savoir user
« avec habileté » (1). Les mesures prises par le
gouvernement général intéressent aux études occidentales toute l'aristocratie annamite: on doit
trouver en elle un appui intéressé et de plus en
plus éclairé.

Les études techniques n'ont pas été négligées.
Une école de médecine pour les indigènes a été
ouverte à Hanoi en 1901; les cours y durent trois
ans et chaque promotion compte environ trente
élèves; une école analogue a été fondée à Saigon
en 1903; les médecins annamites iront dans les
hôpitaux mixtes, sur les chantiers, dans les centres de colonisation, ils seront employés comme
vaccinateurs, ils répandront par leur autorité personnelle l'influence française. A Saigon a été instituée en 1903 une école de sages-femmes ratta-
chée à la maternité de Cholon. Les écoles professionnelles de Hanoi, Hué, Saigon datent de 1898;
l'école d'agriculture de Hué a été instituée en octobre de la même année. L'école supérieure des
arts et métiers de Hanoi a été ouverte à la fin de
1903; la section des métiers comprend charpente
et menuiserie, forge, agriculture; la section des
arts industriels comprend laquage, fonderie ar-
tistique, broderie, sculpture; l'enseignement
théorique très limité comprend français, arith-

(1) Le *Temps*, 14 janvier 1904.

métique, géométrie élémentaire, dessin linéaire, comptabilité; le personnel enseignant français est assisté d'adjoints indigènes.

Une même pensée d'utilité pratique, d'appropriation au pays a inspiré ces créations et ces réformes; elle a été exprimée par M. Baille président de la Commission de la réforme de l'enseignement (1), commission instituée par le présent gouverneur général, M. Beau. L'étude des caractères, écrit M. Baille, est une tradition nationale. « N'est-il pas de bonne politique de « ne point méconnaître une pareille force, mais « bien plutôt de la faire nôtre et de lui réserver « par prudence et respect la place qu'elle saurait « peut-être un jour reconquérir toute seule ? Il « faut éviter à tout prix que la langue des carac- « tères devienne par notre faute et par l'ostra- « cisme maladroit dont nous semblerions la frap- « per, celle qu'on emploie à l'insu du vainqueur, « comme à la dérobée, celle qui parle aux amis « de l'indépendance d'hier et peut-être aussi des « rêves de l'indépendance de demain. Je ne « crois pas pour ma part qu'il soit bon pour « aucun peuple de se poser en ennemi de l'aris- « tocratie intellectuelle d'un pays ; mais quand « cette aristocratie se recrute par la voie des « examens, c'est-à-dire par la voie la plus ration- « nelle qui soit, la France n'en a plus du tout « le droit, sous peine de se mentir à elle-même ».

« La Commission dans ses longs débats s'est

____

(1) Voir le *Petit Temps*, 27 février 1904.

« sagement tenue à l'écart de la préoccupation
« exclusive qui aurait pu dans d'autres pays
« dominer son esprit, celle de répandre à tout
« prix et par tous les moyens la langue fran-
« çaise. Il y a quelque mérite de sa part à avoir
« su résister à cette tentation vers laquelle l'eût
« aisément portée son patriotisme, si elle l'eût
« seul écouté. Mais elle a considéré qu'en
« pareille matière il fallait aussi redouter l'ina-
« nité, et pourquoi ne pas le dire ? peut-être le
« danger des résultats ».

« Le cerveau annamite, pour quiconque a été
« à même de l'observer, peut difficilement faire
« une place à nos idées et à nos conceptions.
« Tout au plus arrive-t-il, par un exercice de
« mémoire, à apprendre nos mots et à les enchaî-
« ner selon un ordre grammatical correct. A ce
« régime nouveau on s'aperçoit bien vite que le
« cerveau n'a rien gagné en développement et
« que l'intelligence n'a pas fait un pas hors du
« cercle assez étroit dans lequel la nature et
« l'atavisme l'ont enfermée. Cette science de
« surface, toujours faite de mémoire plus que
« de raisonnement, aura simplement développé
« en lui une vanité creuse, volontiers pédantes-
« que, qùi le porte à mépriser sa race, sans lui
« rien apporter qui puisse lui permettre de
« s'élever jusqu'à la nôtre. Elle laisse chez lui
« le sens moral là où il en était et, à cette supé-
« riorité qu'il se suppose, il n'y a aucune base
« sérieuse, aucun contrepoids tiré de la cons-
« cience ou de la notion de l'honneur, telle

15

« que, malgré les nombreuses éclipses qu'elle
« peut subir, nous la donne et nous la laissera
« notre éducation occidentale ».

« Les exemples qui se sont déjà produits ne
« sont pas faits certes pour décourager. Ils sont
« faits tout au moins pour donner à réfléchir. Le
« fameux Ky dong, qui, il y a quelques années,
« tenta une agitation révolutionnaire au Tonkin,
« parlait le français couramment et avait acquis
« nos brevets. Non loin de nous, Aguinaldo, le
« Philippin qui fut l'organisateur et l'âme de
« l'insurrection philippine, avait reçu toute sa
« science de l'Espagne et fait ses études à l'Uni-
« versité de Madrid. En un mot, il y a assuré-
« ment plus de confiance à avoir pour l'avenir
« de ce pays, dans le Français qui apprend l'an-
« namite que dans l'Annamite qui apprend le
« français » (1).

(1) La Commission présidée par M. Baille a été saisie d'un
vœu tendant à l'introduction de l'annamite dans les études
des écoles françaises, c'est-à-dire des écoles qui reçoivent
les enfants européens. On ne peut assez s'étonner qu'on
ait tant tardé à songer à cet enseignement, dont le
principe paraît adopté La Commission a insisté sur l'importance pour l'Annamite de connaître les caractères chinois et l'histoire de l'Asie : on devra montrer toujours les
bienfaits apportés par l'Europe, c'est-à-dire l'ordre, le développement économique. — Voir *Revue indo-chinoise,* 15
février 1904, p. 132.

X

Les éléments des sciences exactes, les applications techniques, une langue européenne comme instrument d'étude et de relations : voilà, avec un dosage différent suivant l'âge et la position sociale, ce que l'on offre aux étudiants de l'Asie orientale, en mettant à part le Japon que l'on peut à peine compter comme asiatique. L'accord existe, dans les grandes lignes, entre les méthodes françaises et étrangères, laïques, protestantes, catholiques. Les mêmes principes sont appliqués à Java : instruction très sommaire pour la masse de la population (c'est-à-dire pour une bien petite fraction de cette masse), instruction primaire plus étendue pour les enfants des classes supérieures, écoles spéciales pour les fils des grands chefs, enseignement secondaire pour les enfants les mieux doués de l'aristocratie indigène, réunion dans les écoles des enfants hollandais et javanais, beaucoup de discrétion dans l'enseignement du hollandais. C'est là un système qui cherche à rapprocher les races, mais gradue prudemment pour l'Asiatique les notions européennes. Les Anglais, dans l'Hindoustan, avec moins de sagesse, ont usé plus d'expédients que de principes : effrayés par l'immensité et les difficultés spéciales de la tâche, ils ont longtemps mis de côté la question de l'instruction primaire en admettant la théorie commode de la *down-*

ward filtration. Mais dans les collèges et universités (Calcutta, Madras, Bombay, Allahabad, Lahore), de types divers, l'instruction est basée sur la langue, la philosophie, la littérature anglaises : tel est le système de lord Macaulay, dont les résultats sont médiocres. Malgré le succès peu satisfaisant de l'expérience, des théoriciens demandent pour Java, pour notre Indo-Chine, pour les indigènes en général, l'instruction européenne complète : on veut ouvrir à ces peuples la partie morale de notre civilisation, notre littérature et notre philosophie, notre jurisprudence et notre histoire.

Ce sont là des créations de l'esprit humain, des systèmes dans lesquels l'homme synthétise ses impressions à propos des faits ; l'élément subjectif y prédominant, ils sont essentiellement dépendants de la race et du milieu. Dans ce domaine, il y a peu de rapports entre la pensée de l'Inde, celle de la Chine, celle de l'Europe : chaque civilisation comprend mal les systèmes des voisins et ne les sent pas du tout. Jeter un regard par-dessus ces barrières est réservé au très petit nombre ; pour n'y pas prendre le vertige, il faut une fermeté d'esprit qui n'est pas commune en Europe, qui, je crois, est encore plus rare en Asie. Souvent l'Asiatique, qu'une éducation mal comprise a tenté de couler dans un moule européen, perd le sens des choses nationales et ne prend aux étrangers que des formules toutes faites, sans aucun principe pour point d'appui : il devient ou un sceptique ou un doctrinaire de mots, de toutes façons un être déraciné, dangereux. C'est ce que l'on remarque dans les écrits des Khang Yeou-wei et des Liang Khi-tchhao, des membres du parti réformateur avancé en Chine. C'est ce qu'a produit, chez beaucoup de Bengalis, l'éducation purement littéraire et philosophique anglaise : l'Angleterre n'a pas dans l'Inde de plus injustes détracteurs. Et. en termes plus concrets, pourquoi enseigner à nos voisins et à nos sujets asiatiques une littérature qu'ils ne peuvent sentir, qui les choquera presque à chaque fois qu'ils la comprendront ? une philosophie de doute et d'examen qu'ils appliqueront d'abord à nos sciences et à nos institutions ? un droit où ils prendront l'idée de leurs droits, mais non pas celle du service que nous leur prétendons rendre en mettant l'ordre et la paix parmi eux ? une histoire pleine de nos guerres, de nos révoltes, de nos luttes pour l'indépendance, des traitements infligés par nous aux allogènes ? Si du moins nous leur ouvrons cette partie de nos trésors, il ne faudra pas oublier le correctif ; montrer en Asie les chutes d'empires et les massacres, la justice et la prospérité que nous faisons régner, le droit de ceux qui savent être maîtres d'eux-mêmes, l'impuissance séculaire attribuée à l'esprit asiatique ; mais c'est un remède de maniement difficile et que notre scepticisme, ou notre franchise, appliquera maladroitement. Il faudrait donc, dans la plus large mesure possible, éloigner les indigènes de ces études qui n'ont pas pour eux d'intérêt immédiat.

Il faut en même temps nous réformer, prendre conscience de notre valeur, de nos bienfaits. Respectons nous-mêmes ce que nous sommes et sachons en inspirer le respect à autrui. Car aux chefs des peuples, à l'aristocratie, aux mandarins, nous ne pouvons interdire ces connaissances, mieux vaut donc que nous leur en fassions part, en termes justes et de bon gré. Les mandarins et lettrés, aristocratie de la Chine et de l'Annam, jouissent sur le peuple d'où ils sortent, d'une influence incontestée; plutôt que de détruire cet ascendant moral auquel nous ne saurions rien substituer, conservons les cadres qui forment une nation et l'empêchent de tomber en poussière humaine. Persuadons les mandarins de notre bon vouloir, laissons-leur en commun avec le peuple la forte discipline familiale, l'éducation confucianiste qui en fait des psychologues et des moralistes, et, de plus qu'à lui, la pratique approfondie des rites symboles extérieurs des lois sociales ; et d'autre part rapprochons-les de nous en leur donnant sur l'Europe, sur ce qu'elle a de grand et d'humain, des notions précises : ils nous en serviront mieux. Maintenir l'autorité aux mains de la classe dirigeante du pays sous la surveillance des administrateurs européens : tel est le système infiniment souple, tout de mesure et de nuances, qu'il faut préconiser, qu'il faut appliquer. Il est la règle établie de l'Inde : d'après Strachey, à part les sept cent soixante-cinq postes de *cove-*

nanted officers, il y a deux mille six cents fonctionnaires supérieurs de l'ordre exécutif et de l'ordre judiciaire ; presque tous sont des indigènes. A Java les régents ont conservé leur situation princière, les *wedono*, préfets indigènes, sont partout ; le contrôleur hollandais n'agit que d'accord avec le régent et le *wedono*. En Indo-Chine, ces sages principes ont déjà été énoncés plusieurs fois, ils ont été peu appliqués ; la formation plus méthodique des fonctionnaires actuels permet d'espérer que les avertissements de M. Beau, gouverneur général, et du résident supérieur du Tonkin, seront cette fois écoutés. « Lorsque nous avons à contraindre « les indigènes pour le bien commun, ce de- « vrait être sans contact direct avec eux, par l'in- « termédiaire des mandarins qu'ils sont hérédi- « tairement habitués à respecter et que les trai- « tés nous ont imposés comme collaborateurs. « Nous avons à orienter nos efforts vers la direc- « tion d'une administration indigène solidement « assise sous le contrôle sévère des résidents. « L'administration que nous avons trouvée au « Tonkin n'est pas à l'abri de toute critique, « mais elle est perfectible ; sa destruction, si « souvent réclamée inconsidérément, nous pri- « verait d'une force qui, sagement utilisée, doit « hâter la pénétration de notre action dans les « couches profondes de la population. Nous « ne réussirons à faire des fonctionnaires anna- « mites de zélés collaborateurs de nos propres « fonctionnaires qu'en les associant intimement

« à notre œuvre et en leur procurant les garan-
« ties qui leur manquent et qu'ils sont en droit
« d'attendre de nous » (1).

Pour que l'aristocratie indigène s'associe à
notre œuvre, elle doit être initiée à nos idées :
c'est le rôle de l'éducation. Je veux donc le répéter. Au peuple, avec les préceptes traditionnels,
des connaissances pratiques plus ou moins développées ; aux chefs, les rites et l'étude approfondie
du confucianisme, les sciences exactes et, de plus,
une idée large et précise de l'histoire générale,
de l'économie politique, du droit, de la philosophie. Cela est déjà beaucoup, ne tentons pas
davantage ; le reste est affaire de développement
naturel et viendra peut-être par surcroît. Quant
aux langues européennes, quant au français,
il faut repousser l'illusion trop répandue, presque dominante, que l'on formulait à la Chambre
des députés (2) en ces termes : « L'enseignement
« du français s'impose pour rapprocher de nous
les indigènes ». Ce n'est pas exact, tout au moins
au sens absolu. Il faut ajouter : l'enseignement
du français ne rapproche de nous les indigènes
que s'ils y trouvent un avantage pratique, cet
avantage ne saurait être une place dans l'administration, nous avons dans les bureaux et autour des tribunaux déjà trop d'interprètes et de
plantons vivant des quelques mots français
qu'ils savent, incapables de gagner leur vie au-

(1) *La Quinzaine coloniale*, 25 octobre 1903, p. 678.
(2) Le *Petit Temps*, 22 mars 1904.

trement, déclassés, dangereux ; le français ne doit être qu'un instrument de plus aux mains d'hommes capables et utiles, mandarins ou médecins, commerçants ou artisans. Si la langue est employée seulement à l'expression des besoins matériels, des sentiments de chaque jour, alors à quoi servirait il à l'Annamite de parler français? Pour repiquer son riz ou porter son fardeau, le paysan n'a pas besoin de langue étrangère. Si le français est étudié pour les sentiments, les idées plus élevées qu'il traduit, il devient de qualité littéraire et rentre dans le cercle d'expressions supérieures de l'humanité qui sont presque incommunicables de race à race ; l'enseigner à l'homme du peuple, c'est lui imposer une perte de temps, peut-être le dévoyer, le déclasser, lui nuire et diminuer du même coup le prestige de la nation française. Donc pas de français pour la masse des indigènes, ne l'accordons qu'à une élite, à ceux, en petit nombre, qui peuvent en faire un usage pratique, à qui il ouvrira l'accès à des études supérieures ; rendons-le facultatif pour ceux qui font les études techniques supérieures, obligatoire seulement pour les futurs mandarins après l'examen de licencié ou de docteur. Alors là connaissance du français développera réellement les liens intellectuels avec la France.

Avec des éléments bien préparés, fonctionnaires et colons connaissant à fond le pays, la langue, les mœurs ; indigènes soigneusement maintenus dans leur milieu moral, largement instruits des vérités scientifiques, des procédés utiles à la vie pratique, discrètement et en petit nombre initiés à la vie intellectuelle et morale de la nation dominatrice : on peut espérer une collaboration intelligente et fructueuse, un progrès vers la prospérité matérielle, vers le développement des qualités des uns et des autres. Ce sera le couronnement de la colonisation, la justification de la violence qui est à la base de toute conquête.

NOTE

Pendant que ces Etudes étaient sous presse, le Gouverneur général de l'Indo-Chine a pris quelques arrêtés conformes aux vœux de la Commission de l'enseignement ; je n'ai pas la place d'en donner ici l'analyse et je me bornerai à signaler trois points : extension de l'étude de l'annamite, adjonction du malais, création d'une école professionnelle pour les indigènes à Saigon. Voilà des réformes pleines de promesses. Voir *Bulletin du Comité de l'Asie française*, juillet 1904, p. 341.

LAVAL. — IMPRIMERIE L. BARNÉOUD & Cⁱᵉ,

www.ingramcontent.com/pod-product-compliance
Ingram Content Group UK Ltd.
Pitfield, Milton Keynes, MK11 3LW, UK
UKHW020159130726
13696UKWH00002B/596